GW00778054

LES SUSPENDUES

AL-MU'ALLAQÂT

LES SUSPENDUES
AL-MU'ALLAQÂT

*Traduction, présentation, notes,
chronologie et bibliographie
par
Heidi* TOELLE

*Traduction publiée avec le concours
du Centre national du livre*

GF Flammarion

Heidi Toelle est professeur de littérature arabe à l'université Paris III-Sorbonne Nouvelle. Elle est notamment l'auteur, avec Katia Zakharia, d'*À la découverte de la littérature arabe* (Flammarion, 2003 ; rééd 2009), et dirige, avec Boutros Hallaq, l'*Histoire de la littérature arabe moderne* dont le premier volume a paru en 2007 chez Actes Sud.

ISBN : 978-2-0807-1241-7

PRÉSENTATION

Les sept poèmes ici présentés, véritables chefs-d'œuvre, figurent parmi les plus célèbres de la littérature arabe. Composés il y a un millénaire et demi, au cours du siècle qui a précédé la prédication du prophète de l'islam, ces *Mu'allaqât* (au singulier *Mu'allaqa*) [1], ces *Suspendues* ou ces *Pendentifs*, comme on les appelle aussi en français, se composent d'un peu plus de soixante vers pour les plus courts et d'un peu plus de cent pour les plus longs. Chacune de ces odes est l'œuvre d'un poète différent. Selon l'interprétation la plus ancienne [2], elles porteraient le nom de *Mu'allaqât* (littéralement « suspendues », du verbe *'allaqa*, « suspendre ») parce que les Arabes païens les auraient écrites en lettres d'or sur des tissus qu'ils auraient suspendus sur les murs de la Ka'ba qui, dès avant l'islam, était déjà un sanctuaire. Selon une interprétation plus récente [3], ce nom renverrait à l'idée que ces poèmes, comme autant de bijoux suspendus à une chaîne, forment un collier (*'iqd*, en

---

1. Ce terme est féminin en arabe.
2. Cette interprétation est défendue notamment par le poète Ibn Rachîq (1000-1063/1064 ou 1070/1071), le célèbre historien Ibn Khaldûn (1332-1406) et le polygraphe al-Suyûṭî (1445-1505). Voir, entre autres, l'*Encyclopédie de l'Islam*, Leyde, Brill, et Paris, Maisonneuve et Larose, t. VII, 1993, entrée « al-Mu'allaqât ».
3. Celle des arabisants contemporains, depuis l'ouvrage de C. Lyall, *Ancient Arabic Poetry*, Londres, 1885.

arabe), d'où la traduction possible du titre par *Pendentifs*. Transmis pendant environ un siècle et demi oralement avant d'être mis par écrit[1], maintes fois commentés par la suite, ils ont, avec d'autres poèmes de la même époque, servi de modèles à la majorité des poètes arabes ; jusqu'au début du XXᵉ siècle, en effet, ceux-ci en ont respecté le cadre formel – c'est dire l'impact qu'ils ont eu sur l'évolution ultérieure de la poésie arabe. De nos jours encore, bien des Arabes en récitent volontiers par cœur de longs passages.

Ces chefs-d'œuvre, qui témoignent d'une rare finesse d'observation ainsi que d'une étonnante capacité à mettre les richesses et les sonorités de la langue au service d'un projet poétique, nous transportent dans un monde à la fois fascinant et insolite – celui des Bédouins de la péninsule Arabique du VIᵉ siècle. Comme tels, ils fournissent des renseignements précieux sur le mode de vie de ces hommes et de ces femmes qui nomadisaient, au rythme des saisons, à travers le désert arabique en quête de pâturages ou s'installaient pour un temps autour des rares points d'eau : l'évocation des croyances, des rites, des arts du combat et des us et coutumes contribue à faire vivre sous nos yeux une société qui, malgré les conditions de vie précaires imposées par le milieu ambiant, ne semble jamais perdre courage.

Et pourtant, l'étrangeté de ces poèmes ne manque pas de susciter de nombreuses questions. Qui étaient ces poètes et quel était précisément le milieu géographique, social, historique dans lequel ils ont évolué ? Quelles contraintes cet environnement imposait-il à

---

1. La première recension de six de ces poèmes aurait été l'œuvre du philologue al-Aṣ'maʿî (741-828). Mais à la même époque le philologue Abû ʿUbayda (728-824) se référait déjà à un recueil de sept poèmes. À propos des diverses recensions, voir *infra*, p. 60.

8

l'homme ? Qui sont ces chefs d'illustre lignée que nos poètes apostrophent ou dont ils font l'éloge ? Quels étaient exactement les us et les coutumes, les croyances et les rites qui avaient cours à l'époque ? Pourquoi donc les poètes sont-ils si attachés à leur cheval et à leur chamelle, si fiers de les avoir pour montures ? Enfin, que signifient au juste ces prologues amoureux, ces voyages à dos de chameau, ces bravades, ces louanges, ces chasses à la gazelle ?

L'ARABIE ANTÉISLAMIQUE, TERREAU DES *MU'ALLAQÂT*

Le milieu géographique

Le territoire des tribus bédouines et, parmi elles, celles dont sont issus les poètes des *Mu'allaqât*, est immense. Les déserts d'Arabie couvrent en effet plus d'un million six cent mille kilomètres carrés [1]. Ils s'étendent de la mer Rouge, à l'ouest, aux steppes en bordure de l'Euphrate (actuel Irak) à l'est, de l'océan Indien au sud au désert syrien au nord.

Au sud-ouest de la péninsule, le Yémen dresse ses montagnes escarpées au-dessus d'une étroite bande côtière, appelée Tihâma, qui se prolonge le long de la côte de la mer Rouge, longeant l'Asir et le H'idjâz (actuelle Arabie Saoudite). Au sud et au sud-est, d'énormes dunes pouvant atteindre plus de deux cents mètres de hauteur séparent la côte d'Oman et la vallée yéménite du Hadramaout, parallèle à l'océan Indien, du désert central. Celui-ci est formé d'un haut plateau,

---

1. W. Thesiger, *Le Désert des déserts*, Paris, Plon, « Terre humaine », 1978, p. 44.

appelé Nedjd (actuelle Arabie Saoudite), où alternent déserts rocheux et steppes pourvues d'une maigre végétation. Ce haut plateau est traversé d'ouest en est par une vallée souvent à sec – le Wâdî-l-Rumma –, débouchant sur les plaines qui délimitent de nos jours la frontière entre l'Irak et l'ouest du Kuwait. Au nord s'étend le désert du Nefoud, prolongé à l'est vers l'Euphrate par les steppes de la Samâwa, au nord-ouest par celles de la Palestine et, plus au nord, par le *Bâdiyat al-Châm*, le désert syrien.

Le climat dans ces régions est torride, les températures pouvant atteindre jusqu'à quarante-six, voire cinquante degrés à l'ombre. Et de l'ombre, il n'y en a guère. En hiver et au printemps, de fortes pluies, parfois dévastatrices, transforment les vallées en véritables torrents et font miraculeusement éclore, pour un temps, des herbes et des fleurs dans les vastes steppes, voire dans le sable des dunes. À l'époque des poètes des *Mu'allaqât*, des puits souvent très profonds, parfois difficiles d'accès et dont l'eau était amère et saumâtre, quelques très rares rivières pérennes, quelques étangs permettaient de survivre pendant les saisons sèches [1].

La périphérie de ce vaste territoire était parsemée d'oasis où le palmier-dattier était roi et où les sédentaires s'adonnaient à l'agriculture. Ces oasis jouaient souvent le rôle de ports caravaniers, terminant ou jalonnant les grandes voies naturelles. À l'est, les oasis s'égrenaient dans la région du golfe Persique et dans la plaine de la Yamâma, à laquelle le poème de 'Amr Ibn Kulthûm fait

---

1. On trouvera une passionnante description des déserts méridionaux, et notamment de la région des énormes dunes au nord du Hadramaout, dans W. Thesiger, *Le Désert des déserts*, *op. cit.*, et une description du Nedjd et du Nefoud dans Ch. Doughty, *Arabia deserta*, Paris, Payot, « Petite Bibliothèque Payot », 2001.

allusion [1] ; à l'ouest, dans le H'idjâz, elles agrémentaient le Wâdî-l-Qurâ, une vallée située non loin de Médine. C'est aussi dans cette région que se trouvait déjà La Mecque, qui était à cette époque un important centre de commerce, et dès avant l'islam, le principal lieu de pèlerinage. Enfin, la péninsule était cernée et en même temps convoitée – car la route de la soie et celle des aromates passaient par là – par deux grandes puissances : l'Empire byzantin d'une part, la Perse sassanide de l'autre.

Les structures sociales

À l'époque reculée à laquelle ont vécu les poètes des *Mu'allaqât*, la vie des nomades pasteurs était seule adaptée à cet environnement majoritairement désertique ; car il fallait sans cesse se déplacer et nul ne pouvait survivre en dehors du cadre de sa tribu. Aussi, la société bédouine était – elle l'est aujourd'hui encore – une société tribale. Une tribu pouvait parfois compter plusieurs milliers de tentes et autant de chameaux. Ses membres étaient tous apparentés et se réclamaient d'un seul et même ancêtre, d'où l'importance de la généalogie. Les poètes se vantent ainsi volontiers de leurs illustres aïeux [2]. Plus le lien de parenté était étroit, plus la loyauté d'un homme envers son groupe était grande, et, sauf exception, elle l'emportait toujours sur ses projets personnels. La *Mu'allaqa* de T'arafa Ibn al-'Abd est la seule à mettre en scène un rebelle qui, en raison de ses incessantes foucades, se voit passagèrement frappé d'exclusion par les siens [3]. Mais l'histoire de ce rebelle

---

1. Voir v. 22.
2. Voir la *Mu'allaqa* de 'Amr Ibn Kulthûm, v. 61-65.
3. Voir v. 53 et 68-79.

n'en révèle pas moins, comme en contrepoint, les vertus que la société tribale exigeait de chacun de ses membres.

L'organisation de chaque tribu était passablement complexe. En effet, une tribu était subdivisée de manière arborescente en groupes, eux-mêmes subdivisés en sous-groupes, eux-mêmes subdivisés en d'autres sous-groupes, l'ensemble comprenant sept niveaux, depuis le groupe le plus important en nombre jusqu'aux sous-groupes les plus petits. Chacun de ces groupes était désigné par un terme différent, selon la taille et la place qu'il occupait dans la structure de l'ensemble, le *cha'b* désignant la tribu dans sa totalité [1]. À la tête de chaque tribu se trouvait un conseil (*mala'*). C'est à lui qu'il appartenait de discuter de toutes les affaires concernant la collectivité : alliances, déclarations de guerre, stratégies de combat, négociations de paix, mesures en temps de disette, mouvements de transhumance. À sa tête se trouvait un *sayyid*, un chef, certes, mais qui était dans l'obligation de se conformer aux décisions prises par le *mala'*, et qui n'était donc jamais qu'un *primus inter pares*. Ce fonctionnement relativement démocratique de la société tribale était propice à l'épanouissement d'une certaine forme d'individualisme, limité, comme dans toutes les sociétés anciennes, par le respect des règles et des valeurs qui régissaient la vie en communauté. Enfin, les tribus disposaient d'esclaves, parfois d'origine africaine, qu'elles achetaient

---

1. Voici les noms de ces groupes et sous-groupes par ordre croissant du nombre de leurs membres : le *fakhidh* était la subdivision d'un *bat'n* qui était lui-même une subdivision de la *'imâra*. La *'imâra* était une subdivision de la *fas'îla*, elle-même subdivision de la *qabîla*. La *qabîla*, enfin, était une subdivision du *h'ayy*, lui-même subdivision du *cha'b*. La langue française ne possédant pas de mots adéquats pour traduire ces termes, nous nous contenterons de parler de « familles », de « clans », de « tribus » et de « subdivisions ».

sur les marchés environnants ou qu'elles emportaient
en guise de butin à l'occasion de razzias. Elles pouvaient
par la suite les affranchir pour peu qu'ils eussent donné
satisfaction, voire se fussent illustrés dans les combats.

Le patriarcat semble avoir été dominant, même si l'on
constate dans certaines tribus des survivances matriar-
cales. Ainsi, lors d'un mariage entre les membres de tribus différentes, le mari allait parfois s'installer dans celle
de son épouse. Les femmes, surtout celles qui étaient
mariées, semblent avoir joui d'une certaine liberté, y
compris sexuelle, et avoir eu un certain nombre de pré-
rogatives. Elles avaient le droit de répudier leurs époux,
et tout fugitif ayant trouvé asile sous l'une de leurs
tentes était assuré de n'avoir plus rien à craindre de ses
ennemis. C'est à elles également que revenait l'honneur
de chanter les héros tombés au combat [1].

En cas de détresse ou de menaces auxquelles ils ne se
sentaient pas capables de faire front, des clans, voire des
tribus entières, pouvaient se mettre sous la protection
d'une tribu plus puissante. Celle-ci s'engageait alors à
protéger ces « clients [2] », comme on les appelle, et à sub-
venir à leurs besoins. Il arrivait aussi que certaines tribus
se constituent pour un temps en confédérations à la
cohésion cependant fragile. En témoigne le poème de
Zuhayr Ibn Abî Sulmâ, en partie consacré à l'éloge d'al-
H'ârith Ibn 'Awf et de Harim Ibn Sinân, deux chefs de
la tribu des Murra – une subdivision des Dhubyân –,
qui avaient mis fin à une guerre de quarante ans ayant
opposé les Dhubyân aux 'Abs, deux tribus pourtant
membres de la confédération des Ghat'afân.

1. Voir la *Mu'allaqa* de T'arafa Ibn al-'Abd, v. 93-95.
2. Voir la *Mu'allaqa* de 'Amr Ibn Kulthûm, v. 41, celle de Labîd
Ibn Rabî'a, v. 74, et celle d'al-H'ârith Ibn H'illiza, v. 18.

Les trois royaumes de l'Arabie antéislamique

Il arrivait également que certaines tribus réussissent à fonder des royaumes, plus ou moins durables. Trois dynasties – les Lakhmides, les Ghassânides et les Kinda – ont ainsi joué un rôle important dans l'histoire militaire, politique et culturelle de l'Arabie au cours des siècles qui ont précédé l'islam. Les unes comme les autres ont contribué à l'urbanisation des franges de l'Arabie et à la propagation de l'écriture, accélérant par là le développement d'une langue commune au-delà des différences dialectales. Celles d'entre elles qui étaient chrétiennes ont construit des églises, des monastères et des fortins en bordure du désert. Le dernier de nos poèmes, celui d'al-H'ârith Ibn H'illiza, fait allusion à l'inimitié qui opposait les Ghassânides aux Lakhmides d'al-H'îra et se réfère, notamment, au roi le plus connu des Lakhmides, al-Mundhir III, ainsi qu'à son fils et successeur, 'Amr Ibn Hind. La *Mu'allaqa* de 'Amr Ibn Kulthûm fait également allusion aux guerres qui ont opposé ces deux dynasties. Aussi n'est-il pas inutile de présenter celles-ci un peu plus en détail, dans le but de faciliter au lecteur la compréhension des poèmes.

Les Lakhmides

C'est vers 300 après J.-C. qu'une tribu d'origine yéménite fit d'al-H'îra, ville située au sud-est de l'actuelle Nadjaf (Irak), dans une région irriguée par l'Euphrate, la capitale d'un royaume – celui des Lakhmides. Avec des fortunes diverses, celui-ci allait subsister pendant trois siècles jusqu'en 602. À cette date, le souverain persan Chosroès Parviz (591-628) fit exécuter leur dernier roi, al-Nu'mân IV, qui régnait depuis 580, mettant ainsi définitivement fin à leur domination.

Les Lakhmides étaient les vassaux des rois sassanides, leur fer de lance contre Byzance, leur bouclier contre les incursions nomades, les protecteurs de leurs intérêts commerciaux. Ils n'en menaient pas moins une politique en partie indépendante, gouvernant entre autres pour leur compte le Bahrayn et l'Oman. Leurs velléités d'indépendance n'arrangeaient pas toujours leur grand voisin, ni d'ailleurs les empereurs romains. Au VIᵉ siècle, leur roi al-Mundhir III (503-554), vassal de Chosroès Iᵉʳ Anôcharvân (531-579), mena des guerres incessantes, à la fois contre les rois de l'Arabie du Sud et contre les provinces frontalières. En 531, il participa à la bataille de Callinice, qui se termina par la victoire des Perses sur l'empereur byzantin Justinien (527-565). En 539, il s'en prit aux Ghassânides, entraînant de la sorte les deux empires rivaux dans une guerre qui devait durer cinq ans (539-544). La paix une fois conclue, al-Mundhir III n'en poursuivit pas moins son combat contre les Ghassânides, mais en 554 il fut tué dans la bataille de Qinnasrîn qui l'opposa au roi de ces derniers, al-Hârith Ibn Djabala (529-569). Son fils, 'Amr Ibn Hind (554-569), dont la mère était issue des Kinda, lança en 560 des expéditions contre la frontière byzantine. Il fut assassiné par l'un de nos poètes, 'Amr Ibn Kulthûm, pour avoir manqué de respect à la mère de celui-ci. Son frère Qâbûs (569-573) reprit le flambeau, mais la puissance des Lakhmides était désormais sur son déclin. En 570, Qâbûs fut vaincu par les Ghassânides à la bataille de 'Ayn Ubâgh, et deux ans plus tard les Perses occupaient le sud de l'Arabie. En 578, sous al-Mundhir IV (573-580), la capitale des Lakhmides fut passagèrement conquise par les Ghassânides. Al-Nu'mân IV (580-602), leur dernier roi, eut beau vouloir reprendre le flambeau, ce fut en vain. Ses prétentions à l'indépendance scellèrent sa perte.

Les Ghassânides

Les Ghassânides, quant à eux, étaient les adversaires acharnés des Lakhmides. Tout comme ces derniers, ils étaient originaires du sud de l'Arabie. À la fin du Ve siècle, ils traversèrent la péninsule vers le nord – soit un parcours d'environ deux mille cinq cents kilomètres – et s'installèrent vers 490 aux frontières de l'Empire byzantin, sur les franges de la Palestine et de la Syrie. Ils adoptèrent le christianisme dans sa version monophysite [1] et, à partir du début du VIe siècle, s'allièrent à Byzance. Leurs chefs eurent droit au titre de phylarques [2] et de porter la couronne des rois clients [3]. Pendant une quarantaine d'années, de 529 à 569, ils fournirent à l'armée byzantine des troupes à cheval extrêmement mobiles et protégèrent la route des aromates. Depuis leurs bases en Palestine et en Syrie, ils empêchèrent les incursions des nomades et lancèrent des opérations militaires contre les tribus juives de la région du H'idjâz. Sous l'égide de leur roi, al-H'ârith Ibn Djabala, ils participèrent, comme nous venons de le voir, aux guerres de l'empereur Justinien contre les Perses et triomphèrent des Lakhmides en 554 et en 570.

---

1. Les monophysites, qui comprennent les coptes d'Égypte, l'Église apostolique grégorienne d'Arménie et les jacobites de Syrie, professent l'unité de la nature du Christ, sa nature humaine se trouvant, selon eux, absorbée dans sa nature divine. Par opposition, les orthodoxes considèrent que le Christ est parfait en humanité, parfait en divinité, en deux natures qui se rencontrent en une seule personne, ou hypostase. Ces subtilités théologiques ainsi que quelques autres ont pendant longtemps empoisonné l'empire d'Orient, depuis le concile de Nicée en 325 jusqu'en 681, date de la fondation de l'Église maronite (actuel Liban).
2. Titre donné au commandant d'un corps de cavalerie fourni par une tribu.
3. Les souverains locaux qui s'étaient mis sous la protection de l'empereur byzantin avaient droit au titre de roi client.

Mais leur esprit d'indépendance, ainsi que l'opposition entre le monophysisme à la propagation duquel ils avaient participé et l'orthodoxie qui avait fini par être adoptée par Byzance, conduisit à des frictions. En 580, Tibère II Constantin (578-582) fit arrêter leur roi qui fut conduit à Constantinople. Un sort identique fut réservé à son fils par l'empereur Maurice qui régna de 582 à 602. Enfin, l'invasion persane (613-614) leur porta le coup de grâce. Ils s'en remirent cependant puisque, en 636 encore, ils participèrent dans l'armée de Héraclius (610-641) à la bataille du Yarmûk contre les musulmans. Affaibli par d'incessantes guerres, Héraclius, pourtant l'un des plus grands empereurs byzantins, fut battu, et la victoire ouvrit aux musulmans les portes de la Syrie : leur conquête de ce pays mit définitivement fin à l'influence des Ghassânides.

Le royaume des Kinda

Il nous reste à dire un mot du royaume des Kinda, un groupe tribal, lui aussi originaire du sud, qui se répandit au cours des Ve et VIe siècles dans toute l'Arabie, en migrant d'abord vers le centre de la péninsule, puis vers le nord. Les Kinda établirent peu à peu leur suprématie sur les tribus des Ma'add [1] – auxquelles se réfèrent trois de nos poèmes : ceux de Zuhayr Ibn Abî Sulmâ [2], de 'Amr Ibn Kulthûm [3] et d'al-H'ârith Ibn H'illiza [4] –, marquant ainsi la première tentative d'union entre les tribus du nord et du centre. C'est sous al-H'ârith Ibn 'Amr, grand-père d'Imru' al-Qays, l'un des poètes des *Mu'allaqât*, que le royaume des Kinda acquit une stature internationale, en établissant des liens à la

---

1. Appellation collective des tribus du nord de l'Arabie.
2. Voir v. 21.
3. Voir v. 40 et 92.
4. Voir v. 49.

fois avec l'Empire byzantin, la Perse, les Lakhmides et les Ghassânides. Dans les années 520, al-H'ârith Ibn 'Amr régna pendant une courte période sur al-H'îra, après en avoir évincé le roi lakhmide Mundhir III, mais finit par abandonner la ville et par se rallier aux Byzantins, qui lui accordèrent le titre de phylarque en Palestine. Mais Al-H'ârith ne s'entendait guère avec le chef militaire romain et s'enfuit dans le désert où il fut tué en 528, vraisemblablement par Mundhir III. Parce qu'il avait, avant de mourir, réparti les tribus des Ma'add entre ses fils – dont H'udjr, le père d'Imru' al-Qays –, des rivalités surgirent entre les quatre frères qui affaiblirent d'autant le royaume. C'est alors que la tribu des Asad se révolta contre H'udjr et le tua. Notre poète jura vengeance et s'y employa, mais ses tentatives finirent par lui coûter la vie. Voyant que leur puissance se désintégrait, les Kinda décidèrent de retourner dans le Hadramaout, leur territoire d'origine.

LES SEPT POÈTES DES *MU'ALLAQÂT*

Les Arabes païens pensaient que le poète (*châ'ir*, au pluriel *chu'arâ'*) était détenteur d'un savoir surnaturel et avait, grâce à ses liens avec le monde invisible, des pouvoirs magiques. Du reste, le terme qui sert à le désigner provient d'une racine signifiant à la fois « savoir » et « pressentir ». Chaque poète était réputé avoir son génie (*djinn*) inspirateur, lequel portait un nom et assumait ainsi approximativement le même rôle que les Muses de la mythologie grecque. Le poète était donc en quelque sorte l'oracle de sa tribu, son conseiller en période de paix, mais aussi son champion en période de guerre. Car, à l'instar de ce qui se passait dans la Grèce antique, les batailles étaient souvent précédées par des joutes entre les poètes des tribus ennemies, et il arrivait même que celles-ci remplacent la bataille elle-même. Ces joutes, dont certaines de nos *Mu'allaqât* permettent de se faire une idée [1], consistaient à vanter les vertus guerrières de la tribu dont le poète était issu. L'objectif était de démoraliser ainsi l'adversaire, et les menaces proférées à l'égard de l'ennemi étaient réputées fatales : c'est dire le prestige qui était celui du poète.

Aussi les sept poètes des *Mu'allaqât* ne sont-ils pas les seuls à s'être illustrés pendant la période antéislamique, de même que les *Mu'allaqât* ne sont pas les seuls poèmes dont ils sont les auteurs. À l'exception d'al-H'ârith Ibn H'illiza, chacun d'eux est, au contraire, l'auteur d'un recueil de poèmes (*dîwân*) qui, à l'instar des *Suspendues*, a été longtemps transmis par voie orale. Quant aux biographies dont nous disposons, elles ne manquent pas d'être suspectes en raison de leur cachet par endroits nettement légendaire. Certaines d'entre elles donnent de fait l'impression d'avoir été reconstruites, du moins en partie, à partir du contenu des poèmes eux-mêmes.

Imru' al-Qays (mort vers 550)

Imru' al-Qays était le fils cadet de H'udjr, dernier roi des Kinda. Curieusement, il aurait été chassé de la cour par son père, en raison de sa passion pour la poésie en général et pour la poésie érotique en particulier. Le père aurait même ordonné à l'un de ses affranchis, du nom de Rabî'a, de tuer le jeune poète. Pris de pitié, Rabî'a se serait contenté d'égorger une antilope et d'en rapporter les yeux à H'udjr. Celui-ci aurait fini par se repentir

---

1. C'est le cas des poèmes de 'Amr Ibn Kulthûm, de 'Antara Ibn Chaddâd et d'al-H'ârith Ibn H'illiza.

et, ayant appris la substitution, se serait réconcilié avec son fils, avant de le chasser à nouveau.

Imru' al-Qays erra alors à travers le désert, ce qui lui valut le surnom « le roi errant » (*al-malik al-d'illîl*). Il se mêla aux cercles des buveurs et séduisit mainte belle femme. C'est au cours d'une beuverie qu'il aurait appris le meurtre de son père par la tribu des Asad, qui s'étaient révoltés contre leur souverain. Imru' al-Qays jura alors vengeance et infligea de cuisantes défaites à la tribu insurgée, aidé en cela par les Bakr et les Taghlib. Ceux-ci l'abandonnèrent cependant au bout d'un certain temps, jugeant qu'il avait été assez vengé. En quête d'alliés, il erra à nouveau parmi les tribus. Le roi d'al-H'îra ayant envoyé des troupes à sa poursuite, il finit par trouver refuge auprès du prince de Taymâ', à quatre journées de marche du Wâdî-l-Qurâ, dans le nord-ouest du Nedjd. Il se rendit ensuite à Constantinople, à la cour de l'empereur Justinien, pour y chercher du soutien ; on le lui accorda, et Imru' al-Qays repartit à la tête d'une armée chargée de lui restituer son trône et de venger la mort de son père. Mais s'étant aperçu que le poète avait profité de son séjour pour séduire sa fille, l'empereur lui fit parvenir, en guise de présent, un vêtement d'apparat : celui-ci se révéla être une sorte de tunique de Nessus qui empoisonna le poète. Couvert d'ulcères, d'où son autre surnom, *dhû-l-qurûh'* (« l'homme aux ulcères »), Imru' al-Qays mourut sur le chemin du retour en Arabie. Or, et sauf erreur de notre part, Justinien n'avait pas de fille : cette fin paraît donc relever de la pure légende, comme du reste l'ensemble de cette biographie [1].

---

1. La *Mu'allaqa* d'Imru' al-Qays a été traduite en latin (Warner, 1748), en allemand (Hartmann, 1802 ; Nöldeke, 1899 ; Gandz, 1913), en anglais (Jones, 1782 ; Clouston, 1881 ; Johnson, 1881 ; Blunt, 1903 ; Nicholson, partielle, 1907), en suédois (Bolmeer, 1824) et en français (de Sacy, Caussin de Perceval, 1847-1848 ; Berque, 1969, 1972, 1979, 1993 ; Miquel, partielle, 1984 ; Larcher 2000).

T'arafa Ibn al-'Abd (543 ?-569 ?)

T'arafa Ibn al-'Abd, dont la famille ne comptait pas moins de quatre autres poètes célèbres, était issu des Bakr, la tribu dominante du royaume des Kinda. Le clan auquel il appartenait nomadisait entre le Bahrayn et la basse vallée de l'Euphrate. Très tôt, T'arafa développa un don de la satire qu'il exerça aussi bien à l'encontre de ses amis que de ses ennemis, et qui finit par lui coûter cher. Parce qu'il avait dissipé ses biens, son clan le chassa avant d'accepter de se réconcilier avec lui. Il prit part à la célèbre guerre de Basûs entre les Bakr et les Taghlib, mais dilapida à nouveau tout ce qu'il possédait, tant et si bien qu'il en fut réduit à garder les troupeaux de son frère ; par mégarde, il ne tarda pas à les perdre. C'est à cette époque qu'il aurait composé sa *Mu'allaqa*, qui lui valut la faveur d'un de ses riches parents.

En 554, après la fin de la guerre de Basûs, T'arafa se tourna vers 'Amr Ibn Hind, qui venait d'accéder au trône d'al-Hîra [1]. Bien reçu à la cour en même temps que son oncle Mutalammis, poète comme lui, il devint l'un des familiers du souverain. Mais T'arafa détestait le protocole rigide de la cour ; il eut l'audace de louer publiquement la beauté de la sœur du roi, puis de composer des satires contre l'héritier présomptif du trône et contre le roi lui-même. C'en était trop. 'Amr Ibn Hind autorisa alors T'arafa et son oncle à se rendre en visite chez les leurs, et confia à chacun une lettre adressée au gouverneur du Bahrayn. Ni Mutalammis ni T'arafa ne savaient lire ; le premier remit donc sa lettre à un jeune homme d'al-H'îra, et apprit ainsi qu'elle contenait l'ordre de l'enterrer vivant. Mutalammis implora alors son neveu de faire lire sa lettre, lui aussi, mais T'arafa

---

1. Voir la présentation des Lakhmides, *supra*, p. 14.

refusa de briser le sceau royal : arrivé au Bahrayn, il fut emprisonné et exécuté. On affirme qu'il avait à peine vingt ans [1]. Quant à Mutalammis, il se réfugia en Syrie et échappa ainsi à la mort.

Zuhayr Ibn Abî Sulmâ (530 ?-627 ?)

On sait peu de choses de la vie de ce poète, mort, semble-t-il, presque centenaire, après l'avènement de l'islam [2]. Ses fils allaient d'ailleurs se convertir à la nouvelle religion. Zuhayr était issu de la tribu des Muzayna, dont le territoire était situé dans les environs de Médine, cependant il nomadisait avec les Ghat'afân, confédération tribale de l'Arabie du Nord. Selon les uns, cet exil était dû à une brouille avec son clan, selon les autres, à l'appartenance de sa mère ou encore de son épouse à cette dernière tribu, ce qui serait le signe d'une tradition matriarcale. Appartenant, à l'instar de T'arafa, à une famille qui comptait de nombreux poètes ainsi que deux poétesses, Zuhayr est réputé avoir travaillé chacun de ses poèmes pendant toute une année avant de se juger satisfait.

Dans sa *Mu'allaqa*, il se réfère à la célèbre « guerre de Dâh'is et Ghabrâ' », du nom des deux chevaux dont la course truquée avait déclenché les hostilités entre la tribu des Dhubyân et celle des 'Abs, auxquelles nous avons déjà fait allusion. Zuhayr fait ainsi l'éloge des deux chefs des Murra qui ont mis fin à cette guerre en

---

1. La *Mu'allaqa* de T'arafa Ibn al-'Abd a été traduite en latin (1742), en allemand (Geiger, 1905-1906), en anglais (Blunt, 1903 ; Nicholson, partielle, 1907 ; Sells, 1986) et en français (Berque, 1979 ; Larcher, 2000).

2. Le prophète Muh'ammad aurait commencé sa prédication à La Mecque en 612 environ. Il émigra à Médine en 622, émigration connue sous le nom d'Hégire, puis revint à La Mecque en 632, année de sa mort.

acceptant de payer aux 'Abs le prix du sang, alors même qu'ils n'avaient pas pris part au conflit [1].

Labîd Ibn Rabî'a (mort en 641 ?) [2]

Labîd appartenait à la tribu des Dja'far Ibn Kilâb, elle-même subdivision de celle des 'Âmir, qui sillonnait l'Arabie occidentale. À l'instar de Zuhayr, il semble avoir vécu très vieux. Avant 600 déjà, il avait acquis dans sa tribu une renommée certaine. Alors qu'il était encore tout jeune, il accompagna une députation des 'Âmir à la cour d'al-Nu'mân IV, dernier roi d'al-H'îra (580-602) : grâce à une satire dirigée contre les détracteurs de sa tribu, Labîd aurait réussi à rendre aux siens les faveurs du souverain. En 629, les chefs des 'Âmir entamèrent à Médine des négociations avec le prophète en vue de leur rattachement à la nouvelle organisation politique ; ces négociations n'ayant pas abouti, une députation de la tribu dont Labîd faisait partie se rendit à nouveau à Médine en 630, et ce fut alors que le poète se serait converti à l'islam. Il partit ensuite à Kûfa, en Irak, où il vécut jusqu'à sa mort.

Outre sa *Mu'allaqa*, on doit à Labîd bien d'autres poèmes dont la plupart auraient été composés après sa conversion à la nouvelle religion et qui témoignent de sa foi en Allâh. Cela dit, et comme nous allons le voir, un dieu de ce nom, dont le culte était très répandu dans l'Arabie préislamique, existait dès avant la prédication du prophète Muh'ammad [3].

---

1. La *Mu'allaqa* de Zuhayr Ibn Abî Sulmâ a été traduite en allemand (Nöldeke, 1902), en anglais (Lyall, 1878 ; Nicholson, partielle, 1907) et en français (Berque, 1979 ; Larcher, 2000).

2. L'année de sa mort demeure incertaine ; on trouve selon les sources 641, 642, 660 et 661.

3. La *Mu'allaqa* de Labîd Ibn Rabî'a a été traduite en allemand (Nöldeke, 1900), en anglais (Nicholson, partielle, 1907 ; Wright,

'Amr Ibn Kulthûm (VIe siècle) [1]

Issu des Djucham, l'une des branches de la tribu chrétienne des Taghlib du Moyen-Euphrate, 'Amr Ibn Kulthûm, petit-fils du célèbre poète Muhalhil, devint très jeune chef de sa tribu. Comme les deux poètes précédents, il est réputé avoir vécu centenaire.

Selon Abû-l-Faradj al-Is'fahânî (897-967) [2], auteur du *Livre des chansons* (*Kitâb al-Aghânî*), 'Amr Ibn Hind, le roi d'al-H'îra, se serait demandé un jour quel Arabe refuserait que sa mère serve Hind, sa mère à lui. On lui aurait répondu que Laylâ, la mère de 'Amr Ibn Kulthûm, n'accepterait certainement pas une telle humiliation. Pour en avoir le cœur net, le roi aurait alors invité le poète à venir lui rendre visite et à se faire accompagner par sa mère pour que celle-ci, à son tour, rendît visite à la sienne. Tandis que le roi recevait le poète et ses compagnons sous sa tente, Hind, dans une tente voisine, s'entretenait avec Laylâ et les femmes qui l'accompagnaient. Sur ordre du roi, Hind renvoya ses servantes avant la fin du repas, puis demanda à Laylâ de lui passer le plat du dessert. Celle-ci refusa et ajouta que celles qui voulaient en manger n'avaient qu'à se lever et se servir elles-mêmes. Hind réitéra alors sa demande et donna à entendre qu'elle ne tolérerait

---

exhumé par Sendler, 1961 ; Beeston, 1976) et en français (Silvestre de Sacy, 1816 ; Berque, 1979, Miquel, 1992 ; Larcher, 2000).

1. Ses dates de naissance et de mort sont inconnues.

2. Historien, littérateur et poète. Né en Iran, il n'en était pas moins d'origine arabe. Il vécut à Baghdâd, alors capitale de l'Empire musulman, et fut le protégé des Bûyides, dynastie iranienne de confession chi'ite, comme lui. Tout en reconnaissant les califes 'abbassides qui étaient, eux, sunnites, les Bûyides exercèrent le pouvoir effectif entre 945 et 1055. Abû-l-Faradj aurait mis cinquante ans pour composer son célèbre *Livre des chansons*, source précieuse pour l'histoire culturelle des Arabes entre le VIe et le IXe siècle.

aucun refus. Se sentant offensée, Laylâ se mit à crier au secours. En entendant les appels de sa mère, 'Amr, fou de rage, se serait emparé d'un poignard et aurait tué le roi. Ces événements se seraient déroulés en 568 [1].

'Antara Ibn Chaddâd (525-615 ?)

'Antara, dont le nom signifie « preux », était à la fois poète et guerrier. Il appartenait à la tribu des 'Abs. Né d'un père arabe et d'une esclave noire abyssine et, par conséquent, de condition servile, il s'illustra dans la guerre qui opposa sa tribu aux Dhubyân, dont la fin est célébrée dans la *Mu'allaqa* de Zuhayr Ibn Abî Sulmâ [2]. Il est probable que ses exploits guerriers lui aient valu d'être affranchi. Amoureux de sa cousine 'Abla, qui ne lui témoignait que du mépris et dont la main lui fut refusée en raison de ses origines, 'Antara chercha par ses hauts faits à vaincre le dédain de sa bien-aimée. La plupart des poèmes qui lui sont attribués chantent du reste, à l'instar de sa *Mu'allaqa*, sa vaillance et ses prouesses censées lui valoir l'amour de sa cousine.

La biographie de 'Antara a donné lieu à la constitution d'une geste célèbre, connue sous le nom de *Sîrat 'Antar* (*La Vie de 'Antara*) [3], dans laquelle le poète guerrier finit par obtenir la main de 'Abla. D'après ce texte, ses exploits l'auraient mené successivement à al-H'îra, en Perse, en Syrie, à Constantinople, chez les Francs,

---

1. La *Mu'allaqa* de 'Amr Ibn Kulthûm a été traduite en allemand (Nöldeke, 1899), en anglais (Nicholson, partielle, 1907) et en français (Berque, 1979 ; Larcher, 2000).

2. Voir *supra*, p. 22.

3. On ignore la date précise de la constitution de cette geste, transmise oralement pendant des siècles. Les premières impressions, en trente-deux tomes, datent du début du XIXe siècle.

en Espagne, en Afrique du Nord et à Rome. Pour finir, il aurait pénétré en Afrique dans le royaume du Négus, qui se serait révélé être le grand-père de sa mère. Dans la geste, 'Antara meurt, atteint par une flèche tirée par l'un de ses adversaires qu'il avait maintes fois vaincu et auquel il avait fini par crever les yeux. Dans les faits, il semble être tombé, déjà fort âgé, lors d'une incursion contre la tribu des T'ayy [1].

Al-H'ârith Ibn H'illiza (VIe siècle) [2]

Issu du clan des Yachkûr, une branche des Bakr, adversaires des Taghlib, al-H'ârith Ibn H'illiza aurait improvisé sa *Mu'allaqa*, le seul poème qui lui est attribué, devant 'Amr Ibn Hind, roi d'al-H'îra. En effet, après la guerre de Basûs qui avait déchiré les Bakr et les Taghlib, ces deux tribus avaient conclu à Dhû-l-Madjâz, et en présence du roi Mundhir III, père de 'Amr, un traité de paix. Celui-ci prévoyait qu'un certain nombre d'otages des deux tribus résideraient désormais auprès du souverain en guise de garants. Or, lorsque, sous le règne de 'Amr Ibn Hind, les otages des Taghlib moururent accidentellement, leur tribu, soupçonnant les Bakr d'être à l'origine de cette mort, se plaignit auprès de 'Amr. À cette occasion, al-H'ârith fut chargé de plaider pour sa tribu contre les Taghlib, dont 'Amr Ibn Kulthûm fut le défenseur. Atteint de la lèpre, le poète dut réciter sa plaidoirie caché derrière des tentures que le roi avait fait placer de manière à être séparé du lépreux. Conquis par l'art du poète, 'Amr aurait fait

---

1. La *Mu'allaqa* de 'Antara Ibn Chaddâd a été traduite en allemand (Nöldeke, 1900), en anglais (Nicholson, partielle, 1907) et en français (Raux, 1907 ; Berque, 1979 ; Larcher, 2000).
2. Ses dates de naissance et de mort sont inconnues.

tomber ces tentures une par une, puis lui aurait témoigné son estime, alors même qu'il était connu pour avoir une nette préférence pour les Taghlib [1].

US ET COUTUMES

Les *Mu'allaqât* fourmillent d'informations sur les us et les coutumes qui caractérisaient la société nomade de l'époque. Elles font allusion aux croyances et aux rites qui les accompagnaient, aux jeux auxquels on avait l'habitude de se livrer et dont un au moins avait un caractère sacré, aux techniques de combat, ou encore à l'amour du vin.

Croyances et rites

On sait peu de choses sur le polythéisme de la période qui a précédé l'islam, sur les dieux et les rites qui s'y rattachaient. Cette lacune a souvent conduit à considérer les Arabes comme dépourvus de toute mythologie : les Bédouins de la péninsule Arabique auraient ainsi été le seul peuple au monde à ne pas avoir élaboré de mythologie, alors même qu'ils vénéraient de nombreux dieux et déesses ! La chose est peu probable au regard de ce que les anthropologues nous apprennent sur d'autres peuples anciens et contemporains, fussent-ils nomades et dépourvus d'écriture. Reconnaissons plutôt que cette mythologie est perdue. Des bribes de celle-ci figurent toutefois dans le Coran et dans quelques

---

1. La *Mu'allaqa* d'al-H'ârith Ibn H'illiza a été traduite en allemand (Nöldeke, 1899), en anglais (Nicholson, partielle, 1907 ; Arberry, 1957) et en français (Caussin de Perceval, 1847-1848 ; Berque, 1979 ; Larcher, 2000).

ouvrages postérieurs à la conquête des esprits par l'islam, dont celui d'Ibn al-Kalbî (737-821), intitulé *Kitâb al-As'nâm* (*Le Livre des idoles*).

Trois cent soixante idoles en pierre auraient entouré la Ka'ba de La Mecque qui, à l'époque du paganisme, était déjà un sanctuaire vers lequel affluait à des moments précis de l'année une foule de pèlerins. Bien des pratiques païennes, légèrement modifiées, ont du reste été reprises par l'islam : c'est le cas du pèlerinage à La Mecque lui-même, de la circumambulation de la Pierre noire, de la course entre les deux collines d'al-S'afâ et d'al-Marwa, et de la station dans la plaine de 'Arafa, face à la crête du même nom, qui font encore aujourd'hui partie du rite musulman. Le pèlerinage païen, lui, s'accompagnait de grandes foires dans les environs de La Mecque, dont les plus connues sont celles de 'Ukaz' et de Dhû-l-Madjâz.

D'autres sanctuaires parsemaient la péninsule Arabique et donnaient lieu à des pèlerinages et à des rites réguliers. Il en va ainsi de Tabâla, une fertile vallée à sept journées de marche au sud de La Mecque, à laquelle se réfère le poème de Labîd [1] et où certaines tribus vénéraient une pierre blanche surmontée d'une couronne. Ces sanctuaires étaient bien souvent entourés d'un territoire sacré (*h'imâ*) où il était interdit de chasser, de cueillir les plantes ou d'abattre les arbres. Aussi de nombreuses gazelles entouraient-elles naguère le sanctuaire de La Mecque – de nos jours encore, si les gazelles ont disparu, les pigeons s'en donnent à cœur joie.

Le panthéon des polythéistes comprenait, entre autres, un dieu qui s'appelait déjà Allâh, mot qui signifie simplement « le dieu ». Allâh était réputé avoir trois filles – al-Lât, Manât et al-'Uzza [2] –, qui à l'époque

---

1. Voir v. 75.
2. Coran, sourate 53, versets 19-20.

païenne avaient leurs statues dans le sanctuaire de La
Mecque, de même qu'un dieu du nom de Hubal : c'est
la raison pour laquelle certains chercheurs pensent que
Hubal n'était autre qu'Allâh [1]. Le soleil et la lune ainsi
qu'un dieu de l'orage du nom de Qays et certaines
étoiles faisaient partie, aux côtés de bien d'autres dieux
et déesses, de ce panthéon auquel venaient s'ajouter
divers génies bienfaisants ou maléfiques.

Il est donc curieux de constater que le seul dieu dont
nos poèmes fassent état est Allâh. En effet, mis à part
les démons d'al-Badî, mentionnés dans la *Mu'allaqa* de
Labîd [2], toutes les autres divinités sont absentes. Les
poèmes auraient-ils été expurgés de leurs vers les plus
franchement païens par les transmetteurs ou par ceux
qui se sont chargés de les fixer par écrit ? Les transmetteurs successifs, devenus musulmans, auraient-ils tout
simplement oublié, d'une génération à l'autre, des vers
qui se référaient à des dieux ou à des pratiques reli-
gieuses qui ne signifiaient plus rien pour eux ? Bien
malin qui le dira. Toujours est-il qu'à l'exception
d'Allâh, les dieux ont disparu de nos poèmes. En
revanche, un certain nombre de références aux pratiques païennes ont échappé au filtre du temps et à celui
d'éventuels rigoristes par trop zélés.

Comme en font foi les *Mu'allaqât* de Zuhayr et de
Labîd [3], l'année se divisait en mois profanes et en mois
sacrés. Pendant ces derniers, au nombre de quatre, tout
acte de guerre était interdit et les conflits en cours
étaient suspendus. C'est durant cette période de paix et
de sécurité qu'avaient lieu les pèlerinages accompagnés

---

1. J. Wellhausen, *Reste arabischen Heidentums*, dritte unveränderte
Auflage, Berlin, Walter de Gruyter & Co., 1961, p. 75.
2. Voir v. 71.
3. Voir la *Mu'allaqa* de Zuhayr Ibn Abî Sulmâ, v. 8, et celle de
Labîd Ibn Rabî'a, v. 3.

des foires déjà mentionnées. Dans les sanctuaires et autour, tout port d'arme était prohibé : les ennemis de la veille s'y côtoyaient donc paisiblement. C'était alors l'occasion de prendre langue en vue d'éventuelles négociations de paix, et ce n'est pas un hasard si les Bakr et les Taghlib mirent fin à leur longue guerre par un traité conclu à Dhû-l-Madjâz, comme nous en informe la *Muʿallaqa* d'al-H'ârith Ibn H'illiza [1].

Nos poèmes comportent également la trace d'un certain nombre de rites. Pour peu qu'un meurtre ait eu lieu, la vengeance (*thaʾr*), qui avait ceci de particulier de ne viser pas seulement le meurtrier mais tous ses parents mâles jusqu'au cinquième degré, était un devoir sacré [2]. Le *thaʾr* pouvait, pendant de longues années, constituer un réel danger pour l'ensemble des membres d'un clan, voire d'une tribu. Ceux-ci, à leur tour, se devaient ensuite de venger leurs morts éventuels, suscitant du même coup une nouvelle vengeance. C'est ainsi que, dans la *Muʿallaqa* de Zuhayr, H'usayn Ibn D'amd'am, qui appartenait à la tribu des Dhubyân, manque faire capoter la paix entre sa tribu et celle des ʿAbs en tentant de venger son père [3]. Ce dernier avait été tué par ʿAntara, autrement dit par l'un de nos poètes originaire de cette dernière tribu, et dont la *Muʿallaqa* confirme du reste le meurtre en question [4].

Du fait de l'existence de ce devoir sacré de vengeance, on cherchait à éviter les morts autant que faire se pouvait. Dans le cas contraire, le clan ou la tribu du meurtrier, pour éviter que ne s'enclenche la machine infernale du *thaʾr*, acceptait en général de payer le prix

---

1. Voir v. 66.
2. Voir la *Muʿallaqa* de Zuhayr Ibn Abî Sulmâ, v. 45, et celle d'al-H'ârith Ibn H'illiza, v. 55, 61 et 80.
3. Voir v. 33.
4. Voir v. 73-75.

du sang (*diya*), qui s'élevait parfois à des milliers de chamelles [1]. De plus, tant que la vengeance n'était pas accomplie, le vengeur était astreint à un certain nombre de privations : il devait renoncer à se couper les cheveux, à se parfumer, à boire du vin et à avoir des rapports avec une femme. Par ailleurs, l'un de nos poèmes – celui d'al-H'ârith Ibn H'illiza – semble donner à entendre qu'on considérait la victime comme morte tant qu'elle n'avait pas été vengée et comme vivante dès qu'elle l'avait été [2]. Si cette interprétation est exacte, les Arabes du VIe siècle devaient bien croire en une vie après la mort.

C'est aussi ce que suggère la coutume qui consistait à laisser la chamelle mourir sur la tombe de son maître [3] : on aveuglait la bête, on attachait sa tête à sa queue et on la laissait ainsi tourner en rond, jusqu'à ce qu'elle meure de faim. Une telle coutume n'a de sens qu'à condition d'admettre qu'il existait une croyance selon laquelle le défunt avait, dans une autre vie, besoin de sa chamelle.

Autre coutume, enfin, la chasse à la gazelle semble bien avoir été une chasse rituelle et, plus précisément, rogatoire, autrement dit une chasse qui avait pour but de faire venir la pluie. Nous aurons à revenir sur ce rite à propos de la *Mu'allaqa* d'Imru' al-Qays.

Jeux d'enfants, jeux guerriers, jeux sacrés

Parmi les jeux mentionnés dans nos poèmes, quatre avaient un caractère profane. C'est, tout d'abord, le cas

---

1. Voir la *Mu'allaqa* de Zuhayr Ibn Abî Sulmâ, v. 22-24.
2. Voir v. 30.
3. Voir la *Mu'allaqa* de Labîd Ibn Rabî'a, v. 76, et celle d'al-H'ârith Ibn H'illiza, v. 14.

du *fiyâl*[1], un jeu, semble-t-il, réservé aux enfants. Il consistait à cacher un objet dans un tas de sable, puis à diviser celui-ci de la main en plusieurs tas plus petits. Les joueurs devaient alors deviner dans lequel de ces tas l'objet pouvait bien se trouver. D'autres jeux semblent plutôt avoir eu pour rôle de permettre aux jeunes hommes de s'entraîner au combat ; c'est du reste dans ce contexte qu'ils sont cités. L'un d'entre eux, jeu d'adresse, consistait à planter un morceau de bois verticalement dans le sol et à tenter de le renverser avec un morceau de bois plus grand[2]. Deux autres jeux, dont on ne sait malheureusement pas grand-chose, mais qui pourraient également avoir eu pour but de s'exercer, consistaient l'un à battre l'adversaire avec des mouchoirs transformés en tortillons[3], l'autre à faire rouler à plusieurs, sans doute avec les bras, des boules sur un terrain plat[4].

Mais le jeu qui, par ses dimensions multiples, apparaît comme le plus important était le *maysir*, terme qu'on traduit parfois par « jeu du gaucher ». Il s'agissait d'un jeu de hasard à caractère sacré auquel on ne s'adonnait qu'en hiver, quand, en raison de la sécheresse persistante, le bétail en même temps que les hommes étaient menacés de famine[5]. Il se déroulait, semble-t-il, sur l'aire centrale du campement, en présence d'un prêtre et au pied d'une idole en pierre, et s'accompagnait de danses et de chants rituels – c'est sans doute en raison de ce caractère païen que le Coran devait par la suite l'interdire[6].

---

1. Voir la *Mu'allaqa* de T'arafa Ibn al-'Abd, v. 5.
2. Voir la *Mu'allaqa* de 'Amr Ibn Kulthûm, v. 89.
3. *Ibid.*, v. 43.
4. *Ibid.*, v. 91.
5. Voir la *Mu'allaqa* de Imru' al-Qays, v. 22, celle de Labîd Ibn Rabî'a, v. 73-77, et celle de 'Antara Ibn Chaddâd, v. 52.
6. Coran, sourate 5, versets 90-91.

En voici le déroulement. On commençait par égorger une chamelle bien en chair, voire grosse d'un petit depuis au moins dix mois, du sang de laquelle on aspergeait l'idole. On partageait ensuite la viande de la bête sacrifiée en dix parts, puis on allumait un grand feu en vue du festin qui allait suivre et qui était, comme on le verra, destiné aux pauvres, aux veuves et aux orphelins. Sept joueurs qui s'étaient au préalable engagés à pourvoir le jeu des chamelles nécessaires y participaient ensuite au moyen de dix flèches (*azlâm* ou *aqdâh'*). Celles-ci, qui étaient de même largeur et de même longueur, avaient toutes un nom et étaient dépourvues de pointes et de plumes. Les flèches gagnantes étaient au nombre de sept et comportaient de une à sept encoches : la première comportait une encoche, la deuxième deux, la troisième trois, et ainsi de suite, tandis que les trois flèches restantes (*aghfâl*) en étaient privées. Le nombre d'encoches représentait le nombre de parts de la bête sacrifiée susceptibles d'être gagnées ou perdues. Le total des encoches, et donc des parts pouvant être gagnées par les joueurs, s'élevait à vingt-huit (1 + 2 + 3 + 4 + 5 + 6 + 7 = 28) et non à dix, ce qui obligeait, au fur et à mesure que le jeu avançait, à sacrifier de nouvelles chamelles.

Une fois que toutes ces flèches avaient été placées dans un sac en cuir (*ribâba*) sous l'œil vigilant d'un surveillant (*raqîb*), celui-ci passait le sac au tireur (*h'urd'a*), qui avait la main enveloppée d'une pièce en cuir ou d'une étoffe (*mijwâl*) afin qu'il lui fût impossible de reconnaître les flèches au toucher. Chaque joueur désignait alors une flèche par son nom, dans l'espoir que ce serait elle qui serait tirée par le *h'urd'a*. Ensuite, celui-ci plongeait sa main gauche dans le sac tout en détournant la tête, en sortait une flèche et la tendait au *raqîb* qui proclamait le gagnant et les perdants. Le jeu continuait

33

ainsi de suite, avec les flèches suivantes. Lorsque l'une des flèches dépourvues d'encoches était tirée, on la remettait immédiatement dans le sac de manière à ralentir le jeu. Les chances de gagner diminuaient ainsi au fur et à mesure que les flèches cochées étaient tirées. Il suffisait que la flèche à sept encoches et celle à trois encoches sortent gagnantes pour que le jeu s'interrompe en vue du sacrifice d'une nouvelle bête, puisque ces deux flèches, à elles toutes seules, permettaient de gagner les dix parts de la chamelle qui avait été mise en jeu.

Il était cependant interdit aux gagnants de consommer eux-mêmes la ou les parts obtenues suite à ce tirage au sort. Sauf à perdre leur honneur, ils étaient dans l'obligation d'en nourrir les pauvres – ceux de leur tribu et ceux parmi les clients qui s'étaient mis sous la protection de celle-ci. Le jeu avait ainsi une fonction à la fois économique, politique et morale. Économique, parce qu'il assurait, en une période de sécheresse où les pâturages se faisaient de plus en plus rares, voire étaient inexistants, la diminution du troupeau, tout en permettant à ceux qui mouraient de faim de se nourrir. Politique, parce qu'il assurait la cohésion de la tribu en même temps que la cohésion de celle-ci et de ses clients, en évitant que ces derniers ne se tournent vers une autre tribu. Morale, enfin, parce que la générosité qu'il présupposait de la part des hommes qui sacrifiaient à cette fin leurs chamelles les plus grasses leur assurait le respect de tous et contribuait de la sorte à leur réputation de chefs. Ajoutons que l'on avait également recours à ce jeu à des fins divinatoires, comme en fait foi la *Mu'allaqa* de T'arafa [1].

---

1. Voir v. 101-103.

Armes et techniques de combat

Tout Bédouin digne de ce nom se devait d'être guerrier. Les combats avaient lieu à cheval, plus rarement
à pied. Les chevaux faisaient alors preuve d'autant de
courage que leurs cavaliers : celui de 'Antara, par
exemple, meurt après que de nombreuses lances se sont
fichées dans son poitrail et y sont restées accrochées [1].
Le cheval était en outre mis à contribution lors des tours
de guet [2] et, en cas de besoin, pour transmettre un message urgent d'une tribu à l'autre. Les armes dont on se
servait étaient l'arc et les flèches [3], la lance [4] et le sabre [5].
Les deux premiers étaient confectionnés, semble-t-il,
par les nomades eux-mêmes. Pour ce qui est des deux
autres, en revanche, les tribus étaient tributaires des
artisans sédentaires, voire des commerçants. Certaines
des lances, taillées dans du bois de roseau, provenaient
du Bahrayn où un fabricant du nom de Samhar jouissait
d'un prestige certain. Quant aux sabres, ils étaient d'origine indienne et parvenaient en Arabie par les voies
caravanières ou maritimes. Les flèches et la lance servaient au combat à distance, le sabre au combat rappro-
ché. Enfin, les guerriers étaient revêtus de longues
cottes de mailles, portaient des casques et se proté-
geaient à l'aide d'un bouclier en cuir [6].

---

1. Voir v. 66-69.
2. Voir la *Mu'allaqa* de Labîd Ibn Rabî'a, v. 64.
3. Voir la *Mu'allaqa* de 'Amr Ibn Kulthûm, v. 74.
4. Voir la *Mu'allaqa* de Zuhayr Ibn Abî Sulmâ, v. 41, celle de 'Amr
Ibn Kulthûm, v. 11, 35, 40 et 74, celle de 'Antara Ibn Chaddâd,
v. 64, 66 et 68, et celle d'al-H'ârith Ibn H'illiza, v. 52, 54 et 74.
5. Voir la *Mu'allaqa* de Labîd Ibn Rabî'a, v. 11, celle de 'Amr Ibn
Kulthûm, v. 11, 22, 35-36, 43, 75 et 90, celle de 'Antara Ibn Chaddâd, v. 51 et 55, et celle d'al-H'ârith Ibn H'illiza, v. 51.
6. Voir la *Mu'allaqa* de 'Amr Ibn Kulthûm, v. 75-78, et celle de
'Antara Ibn Chaddâd, v. 51.

Les guerriers pouvaient se livrer à trois types de combats. Il y avait, tout d'abord, les batailles collectives [1] qui, en cas de guerre intertribale, pouvaient opposer un nombre considérable de combattants. Dans ce cadre, les archers, les lanciers et, comme le confirme le poème de 'Amr Ibn Kulthûm, les femmes elles-mêmes jouaient un rôle crucial [2]. En effet, les combattants amenaient alors avec eux leurs épouses afin qu'elles attisent l'ardeur des guerriers et que ceux-ci fassent preuve de courage pour éviter que l'ennemi ne leur ravisse ce bien précieux : au même titre que les chamelles et les chevaux, en effet, les femmes faisaient la fierté et la richesse de la tribu et étaient comme telles partie intégrante du *mâl*, autrement dit des biens de la tribu susceptibles d'être convoités par l'ennemi. Quant au palanquin de l'épouse ou de la fille du chef de tribu, il servait de point de ralliement autour duquel on acceptait de se battre jusqu'à la mort.

En raison du devoir sacré de vengeance et contrairement à ce que les bravades des poètes donnent à entendre, on s'efforçait cependant de tuer le moins possible. On préférait faire des prisonniers que l'on échangeait, après de rudes négociations, contre les précieuses chamelles de l'adversaire, une fois celui-ci vaincu.

Par ailleurs, on procédait souvent à des razzias qui consistaient à surprendre une tribu adverse à l'aube [3]. Ces razzias avaient pour but de faire du butin, en emportant chameaux, chevaux et femmes. Pour peu

---

1. Les *Mu'allaqât* de 'Amr Ibn Kulthûm (à partir du v. 24) et d'al-Hârith Ibn H'illiza (à partir du v. 16) sont consacrées à la description de telles batailles.
2. Voir v. 82-84.
3. Voir la *Mu'allaqa* de 'Amr Ibn Kulthûm, v. 50, et celle d'al-Hârith Ibn H'illiza, v. 75.

qu'une tribu pressentît une telle attaque, elle s'empressait de mettre les femmes et les troupeaux à l'abri, en les faisant déguerpir pendant la nuit, tandis que les hommes enfourchaient leurs montures pour surprendre l'attaquant et faire front. À l'inverse, si une tribu s'était laissé surprendre, elle cherchait bien souvent son salut dans la fuite [1], espérant sauver ainsi femmes et troupeaux.

Des combats singuliers, enfin, pouvaient opposer deux guerriers, soit dans le cadre d'une bataille collective ou d'une razzia, soit dans l'exécution d'une vengeance. Les batailles commençaient d'ailleurs le plus souvent par des duels, tel ou tel guerrier de l'un des deux partis mettant ceux du parti adverse au défi de le battre. De tels duels sont décrits dans la *Mu'allaqa* de 'Antara qui se vante d'avoir laissé D'amd'am « en pâture aux fauves et aux vautours trentenaires [2] », ce qui lui valut, à lui comme aux siens, une solide inimitié des fils de D'amd'am, qui essayèrent de venger le meurtre de leur père, ainsi qu'en fait foi la *Mu'allaqa* de Zuhayr [3].

L'amour du vin

L'amour du vin était assez répandu à l'époque et nos vaillants guerriers se vantent volontiers de leurs beuveries [4]. Mais comme le précise 'Antara, l'ivresse ne devait pas outrepasser certaines limites. On avait, certes, le droit de chantonner et de tituber un peu, mais il aurait été inconvenant d'être ivre au point d'en venir à dissiper

---

1. Voir la *Mu'allaqa* de 'Amr Ibn Kulthûm, v. 41.
2. Voir v. 73-75, ainsi que v. 47-56.
3. V. 33.
4. Voir les *Mu'allaqât* de T'arafa Ibn al-'Abd, v. 52 et 58, de Labîd Ibn Rabî'a, v. 58-61, de 'Amr Ibn Kulthûm, v. 1-7, et de 'Antara Ibn Chaddâd, v. 37-39 et 52.

ses biens et de faire ainsi preuve d'une générosité mal placée.

Mais d'où venait donc ce vin ? Il va sans dire que le désert se prêtait mal à la culture de la vigne. Les crus les plus réputés provenaient de la périphérie ou des alentours de la péninsule, d'Andaron [1] ou de Bos'ra en Syrie, des vallées du Liban, de la région de l'Euphrate, voire d'Égypte. Ils étaient conservés et vendus dans des outres ou des jarres cachetées qui coûtaient très cher.

Le vin était donc un luxe dont on régalait, à l'occasion, ses compagnons lors des longues veillées autour du feu ou qu'on consommait lors des foires intertribales. Il arrivait également que des marchands de vin s'installent pour un temps dans un campement nomade. Ces marchands étaient souvent – mais pas toujours – juifs ou chrétiens, et leur tente était alors marquée d'une enseigne. Une curieuse coutume voulait en outre que l'on consomme du vin en guise de petit-déjeuner, comme en font foi les poèmes de Labîd Ibn Rabî'a et de 'Amr Ibn Kulthûm [2]. Cet amour de la boisson semble, à l'époque du prophète, avoir conduit à des excès, et certains se rendaient ivres à la mosquée. Muh'ammad s'est donc progressivement vu contraint d'en interdire la consommation.

LES TROIS PARTIES CONSTITUTIVES DES *MU'ALLAQÂT*

Aimer avec passion, faire l'apprentissage des dures réalités du désert et s'élever de la sorte au rang de preux, se faire gloire de ses hauts faits et de ceux de sa tribu,

---

1. L'« Anderine » de la *Mu'allaqa* de 'Amr Ibn Kulthûm, v. 1.
2. Voir respectivement les *Mu'allaqât* de Labîd Ibn Rabî'a, v. 60-61, et de 'Amr Ibn Kulthûm, v. 1-7.

se souvenir, enfin, avec nostalgie de la dame de ses pensées et prendre conscience de la fuite du temps – voilà le devenir immuable, ou peu s'en faut, de nos valeureux poètes tel qu'il est décrit dans les *Mu'allaqât*.

Le prologue amoureux (nasîb)

Ce sont les vestiges d'un campement abandonné qui suscitent chez le poète amant le souvenir de la femme aimée, réminiscence qui ouvre la plupart de nos poèmes, un seul d'entre eux [1] faisant précéder celle-ci d'une scène de beuverie matinale.

La fuite du temps

Ces vestiges à peine perceptibles, affleurant dans le désert de pierre « comme le reste d'un tatouage sur le dos de la main », préservés dans le désert de sable par « le tissage » des vents contraires [2], jadis témoin d'un amour partagé, concrétisent douloureusement les ravages du temps. Despote auquel il est impossible d'imposer un retour en arrière, le temps qui passe, le temps destin (*dahr*), symbolise ainsi notre condition d'hommes voués à la mort. Dans l'espace où se dressaient jadis des tentes, où bouillonnait le chaudron, où broutaient paisiblement des chamelles laitières, fierté de la tribu, où l'amour s'est épanoui, la nature sauvage a repris le dessus, ou peu s'en faut : les oryx et les gazelles, voire leurs crottes, sont redevenus maîtres des lieux. Il n'est jusqu'à la scène de beuverie matinale qui inaugure

---

1. La *Mu'allaqa* de 'Amr Ibn Kulthûm.
2. Voir respectivement les *Mu'allaqât* de T'arafa, v. 1, et d'Imru' al-Qays, v. 2, ainsi que celles de Zuhayr Ibn Abî Sulmâ, v. 2, et de Labîd Ibn Rabî'a, v. 9.

le poème de 'Amr Ibn Kulthûm et y remplace la description du campement abandonné qui ne fasse référence à cet aspect de la condition humaine. « La mort
nous rattrapera, c'est certain,/ Elle à nous, nous à elle
destinés [1] ! » – voilà les mots sur lesquels se termine cet
incipit inhabituel avant que le poète ne se souvienne,
comme ses pairs, de sa bien-aimée.

La passion amoureuse

La contemplation des vestiges du campement abandonné par les humains fait donc revivre à l'amant sa
passion pour la dame de ses pensées, et lui arrache parfois des larmes qui nous rappellent une époque où, en
Arabie comme dans la Grèce antique, les pleurs
n'étaient pas encore interdits aux héros. Est-ce un
hasard si la douleur ressentie fait ressurgir dans la
mémoire de l'amant précisément le jour de la séparation
d'avec la bien-aimée ? si elle fait remonter des tréfonds
de son cœur l'amertume et la tristesse éprouvées alors,
en même temps que cet amour qui, après tant d'années,
l'habite toujours ? s'il lui arrive, dans une belle réminiscence, de suivre à nouveau le lent cheminement des
chameaux, « vaisseaux se suivant à la file », « qui, de
leurs proues, fendent les vagues de la mer [2] » et qui, au
fur et à mesure qu'ils s'éloignent, finissent par se fondre
dans le paysage, en emportant la femme aimée dans
son palanquin ? *Bayn*, dit-on en arabe pour désigner
cette séparation ô combien douloureuse. Or, ce mot
signifie en même temps « liaison ». Tout se passe donc
comme si les poètes voulaient nous suggérer qu'il n'est
d'amour durable qu'à condition que les amants soient
séparés.

---

1. Voir v. 8.
2. Voir la *Mu'allaqa* de T'arafa Ibn al-'Abd, v. 3 et 5.

Le portrait de la dame

Il arrive que le poète saisisse l'occasion de cette réminiscence pour décrire sa bien-aimée. La description donne alors lieu au déploiement d'un érotisme subtil qui, tout en débordant de sensualité, ne tombe jamais dans la vulgarité. Mais le portrait de la dame ne relève pas du réalisme ; malgré ses nombreuses variantes, il obéit à un code esthétique et reflète l'idéal de beauté qui était celui de la société de l'époque.

La femme aimée a ainsi la peau blanche, légèrement ocrée, couleur d'œuf d'autruche, de sable ou de pelage blanc de chamelle – cette couleur de peau attestant sa condition de femme libre d'ascendance noble. Son cou de gazelle n'est ni trop court ni trop long, ses cheveux sont d'un noir charbonneux et touffus comme les grappes du dattier. Elle a des yeux de faon effarouché et ses lèvres brunes font ressortir l'éclat de ses dents. De sa bouche s'exhale un parfum délicieux qui rappelle les fragrances d'un jardin naturel. Ses bras ressemblent à ceux de la chamelle blanche – entendons : aux « avant-bras », comme on dit, de celle-ci. Ses doigts teintés de henné sont souples et graciles comme des vers de sable blancs à la tête rousse. Quant à son corps, il a les traits de la Vénus callipyge : en effet, la bien-aimée est, certes, élancée, elle a les seins en forme de vase d'ivoire et la taille fine et souple comme la bride en cuir, mais ses hanches sont larges au point de ne pas passer la porte de la tente, et ses lourdes fesses surplombent des jambes solides, colonnes d'albâtre ou tiges de joncs, aux chevilles pulpeuses, parées de bracelets.

Ce code esthétique a beau ne plus être de notre goût, le sens de l'observation des poètes ne s'en trouve pas moins confirmé. Puisées, pour certaines, dans la flore et la faune sauvages des régions désertiques, empruntées, pour d'autres, à la chamelle ou à la flore des oasis, et pour d'autres encore à l'équitation ou à l'architecture, ces comparaisons transforment la femme aimée en une médiatrice entre la nature et la culture.

Reste à savoir pourquoi le poète s'est séparé d'une femme en qui, bien des années après l'avoir quittée, il voit encore un idéal de beauté, et pour laquelle ses sentiments paraissent inchangés.

La séparation des amants

Parfois, cette séparation semble due à une rupture entre les deux amoureux, dont la femme aimée, qui ne manifeste à cette occasion aucun chagrin, a pris l'initiative. Certains poèmes affirment même que c'est elle qui donne le signal du départ. Mais est-ce un hasard si la rupture, pour autant qu'elle existe, intervient au moment précis où la tribu de l'amante lève le camp ? Sachant que le départ était proche, la bien-aimée aurait-elle anticipé une séparation qu'elle savait inéluctable ? C'est du moins ce que donne à entendre le poème de 'Amr Ibn Kulthûm [1].

Car la séparation des amoureux semble bien avoir eu pour cause les contraintes de la vie nomade. Celle-ci obligeait les Bédouins à se regrouper autour des points d'eau, quand la pluie se faisait rare, permettant ainsi l'éclosion d'un éventuel amour entre les membres de tribus voisines. Puis, dès les premières pluies, la survie exigeait que chaque tribu reparte de son côté en quête de pâturages pour ses troupeaux. De ce point de vue, le départ – et la séparation des amants qui en est la conséquence – est donc inévitable, puisqu'il est seul susceptible d'assurer la survie de tous.

Un seul poème mettrait en scène une ancienne épouse que l'amant poète aurait répudiée après s'être marié avec une autre : il s'agit d'Umm Awfâ, dans la

---

1. Voir v. 10.

Mu'allaqa de Zuhayr Ibn Abî Sulmâ. Or, Umm Awfâ n'avait pas réussi à donner à son mari une descendance, les enfants qu'elle avait mis au monde étant morts les uns après les autres. La répudiation semble donc liée ici, comme précédemment, à des contraintes sociales – on se devait d'avoir une progéniture – et non pas à un désamour de la part du mari. Le chagrin qui submerge celui-ci, quand, vingt ans plus tard, il passe devant les vestiges du campement qui l'avait jadis uni à cette épouse, en fait foi.

Face à ces contraintes de la vie et de la société nomades, l'amant n'a pas la même attitude que sa bien-aimée. Il sait, certes, que la séparation est inéluctable, mais se révèle incapable de vaincre le chagrin qu'elle lui cause. Aussi ne faut-il pas s'étonner que l'état dans lequel il se trouve à la suite de la séparation frise le désespoir : tout en persistant à désirer l'union avec l'aimée, il se rend compte qu'elle est devenue à la fois impossible et illusoire. Pour peu que cet état d'âme fasse l'objet d'une description, l'amant affirme qu'il était alors sur le point de mourir, qu'il avait perdu le sommeil ou que son chagrin était « tel qu'il n'a été vécu ni par la chamelle/ Qui sans fin ni cesse gémit, après avoir perdu son petit/ Ni par la femme chenue à qui le malheur n'a laissé/ De ses neuf enfants aucun, si ce n'est enterré [1] ». Mais la plupart du temps, ce chagrin n'est évoqué qu'avec une grande pudeur : souci grave (*hamm*) au point qu'on ne cesse de le tourner et retourner dans son esprit, ou besoin affectif (*lubâna*) qui n'en finit pas de tourmenter l'amant et d'occuper sa pensée. En d'autres termes, l'amant se révèle à la suite de la séparation comme obsédé, voire possédé par sa passion, et la douleur qu'il éprouve de la perte de l'aimée le détourne de toute autre préoccupation.

---

1. Voir la *Mu'allaqa* de 'Amr Ibn Kulthûm, v. 19-20.

C'est alors qu'intervient, souvent sans transition, parfois suite aux paroles réconfortantes de ses compagnons, ou de réflexions qu'il s'adresse à lui-même, une sorte de sursaut salutaire qui le pousse à monter en selle pour partir en voyage dans le but, comme il le dit expressément, de venir à bout de ce souci qui ne cesse de le tracasser. Ce sont les encouragements de ses compagnons qui permettent de voir d'où vient ce sursaut salutaire. En effet, ils incitent l'amant à ne pas se laisser mourir de chagrin (*lâ tahlik asan*), à supporter ses peines avec patience et dignité (*tadjammala*), ou encore à s'armer de constance et de fermeté (*tadjallada*). Ces remarques comprennent implicitement un jugement de valeur qui porte, pour l'essentiel, sur l'intensité du chagrin de l'amant et ses manifestations visibles. Celles-ci sont perçues comme excessives et, comme telles, non conformes à la vertu par excellence qui doit être, aux yeux de la société bédouine, celle de tout homme digne de ce nom, à savoir la capacité de faire preuve en toute circonstance de la maîtrise de soi.

C'est la volonté d'acquérir ou de faire preuve de cette maîtrise de soi, socialement valorisée et valorisante, qui semble être à l'origine de la décision que prend l'amant de venir à bout de son tourment. Pour ce faire, il monte sur sa chamelle et part en voyage à travers le désert. Notons encore qu'il s'agit moins pour lui de cesser d'aimer que de réussir à dominer à la fois la passion qui le tenaille et la souffrance qui résulte de la perte de l'aimée. Le souvenir persistant de cet amour et la résurgence du chagrin au terme de son parcours, tels qu'ils sont décrits dans le prologue amoureux, en font foi. Le « prologue » amoureux se révèle ainsi être en même temps un « épilogue » ; car le chagrin d'amour a beau figurer au début du poème, sur le plan narratif il se situe à la fois au début et à la fin du parcours de l'amant.

C'est lui qui est à l'origine de son départ en voyage, lequel se révélera être un parcours d'apprentissage ; c'est lui encore qui clôt – couronne ? – sa vie de preux désormais au faîte de sa gloire, et qui, comme tel, a acquis le droit de donner libre cours à sa nostalgie, voire à ses larmes.

Le voyage (rah'îl)

La partie centrale d'une *Mu'allaqa* est ainsi le plus souvent consacrée au récit du voyage de l'amant poète. Cependant, ce récit se contente, du moins en apparence, de mettre en valeur les qualités de la monture – le plus souvent une chamelle de race – que le poète vient d'enfourcher pour vaincre son chagrin. Reste à savoir pourquoi c'est toujours une femelle qui lui sert de monture, et en quoi consistent les exploits de celle-ci.

La chamelle

À l'époque à laquelle ont vécu les poètes des *Mu'alla-qât*, le chameau [1] était une bête d'élevage absolument indispensable, car il n'existait aucun autre moyen de transport permettant de parcourir de longues distances dans le désert. Selon l'usage que l'on comptait faire de l'animal, le dressage était différent. Les chameaux de bât, mâles ou femelles, étaient entraînés en vue de transporter les tentes, les outres pleines d'eau, les ustensiles de cuisine et autres bagages, ainsi que les marchandises qui, d'un port caravanier à l'autre, transitaient par le désert. Ils avaient également pour charge de transporter les femmes et les enfants qui voyageaient juchés dans

---

1. Il serait d'ailleurs plus exact de parler de dromadaires, car ceux de la péninsule Arabique n'ont qu'une seule bosse. Nous n'en conserverons pas moins le terme « chameau », qui a fini par désigner aussi, dans la langue courante, les dromadaires.

leurs palanquins. Les étalons, quant à eux, étaient surtout réservés à la reproduction. Ce sont donc les femelles qui servaient de montures aux hommes de la tribu, et ce sont elles dont les poètes s'enorgueillissent avec raison.

Une chamelle de race, en effet, est capable de couvrir en vingt-quatre heures une distance de plus de quatre-vingts kilomètres ; elle a la capacité de cheminer jour et nuit, peut se passer d'eau pendant plusieurs jours de marche et perdre sans dommage et sans défaillir un tiers de son poids. Son endurance, sa résistance à l'effort suscitent à juste titre le respect, voire l'émerveillement. Ainsi, rompue de fatigue, l'échine décharnée, la bosse fondue, les os dépouillés de chair et les soles à nu, nous dit Labîd [1], elle n'en trotte pas moins à vive allure. La chamelle, de plus, a l'ouïe extrêmement fine et entend juste [2] : ses oreilles subitement dressées avertissent ainsi son maître des bruits insolites, toujours susceptibles de représenter un danger. Son lait constitue par ailleurs la nourriture de base du Bédouin. C'est elle encore qui permet de faire preuve de générosité, car sa viande et le gras de sa bosse, cuits au chaudron, sont on ne peut plus appréciés. Sauf à déchoir, c'est une chamelle qu'il faut sacrifier pour régaler l'hôte éventuel, et, en cas de disette, sa viande doit être distribuée aux miséreux. On comprend mieux dès lors l'amour que le Bédouin voue à sa monture.

Mais il y a plus. Car c'est dans l'observation minutieuse des habitudes de la faune sauvage – gazelle, oryx, onagre ou âne sauvage, renard et loup, bêtes terrestres auxquelles il convient d'ajouter l'aigle – que le poète puise ses comparaisons, quand il s'agit d'en préciser les

---

1. Voir v. 22-24.
2. Voir la *Mu'allaqa* de T'arafa Ibn al-'Abd, v. 34.

qualités. La chamelle court en effet aussi vite que la gazelle ou que l'autruche, oiseau coureur capable d'atteindre la vitesse d'un cheval lancé au triple galop. Elle se pavane volontiers comme l'autruche femelle devant son mâle, ou comme « un étalon de race maintes fois mordu [1] ». D'autres comparaisons supposent connues non seulement l'anatomie de la chamelle, mais encore celle des bêtes sauvages. Aucune partie du corps de sa monture n'a ainsi de secret pour T'arafa dont la description de la chamelle est un véritable chef-d'œuvre [2]. Elle a les oreilles pointues de l'oryx mâle, ses yeux ressemblent à ceux d'une gazelle effarouchée, mère d'un faon, et sa queue relevée, aux crins mêlés, aux ailes déployées de l'aigle blanc. 'Antara compare les pieds de sa chamelle aux doigts rapprochés de l'autruche [3], car les deux bêtes ont en commun d'avoir un pied à sole plate et des ongles cornés extrêmement durs. Labîd, enfin, trouve à sa chamelle des airs d'onagre femelle et de gazelle privée de son petit [4]. Car, à l'instar de l'onagre, elle se contente pendant les longs hivers d'herbe sèche, mais sait, comme lui, trouver le chemin de l'eau. Et tout comme la gazelle, elle gémit sans fin ni cesse pour peu qu'elle ait perdu un petit, et se méfie, farouche comme sa sœur sauvage, des faibles clameurs humaines, quand bien même elles viennent de loin.

Ce n'est pas seulement la faune sauvage, cependant, qui est mise à contribution dans ces comparaisons. Les poètes puisent également dans la culture environnante. Le crâne de la chamelle ressemble ainsi à une enclume, sa joue à du parchemin de Syrie, ses babines à des lames en cuir yéménite et son cou au gouvernail d'un chaland.

---

1. Voir la *Mu'allaqa* de 'Antara Ibn Chaddâd, v. 33.
2. Voir v. 11-39.
3. Voir v. 24-27.
4. Voir v. 25-52.

Ses cuisses évoquent le porche d'un château haut et lisse, ses vertèbres forment comme des arceaux, et « Ses coudes écartés font penser/ Au solide gaillard qui porte deux seaux du puits à l'abreuvoir », ou encore « À une arche romaine dont le bâtisseur a juré/ Que, pour l'exhausser avec des briques, certes, on la clôturerait [1] ».

Ce va-et-vient entre la nature sauvage et la culture qui caractérise les descriptions de la chamelle et les comparaisons dont elle fait l'objet transforme celle-ci, tout comme la femme aimée, en une médiatrice entre la nature et la culture. En sa qualité d'animal, en effet, elle a un certain nombre de traits en commun avec la faune sauvage ; en sa qualité de bête d'élevage, elle est le produit des soins que l'homme lui a prodigués et du dressage qu'il lui a imposé et fait, comme tel, partie intégrante de la culture.

L'apprentissage des vertus du preux

Si le poète prend tant de soin à mettre en relief les qualités de sa monture, s'il insiste autant sur les épreuves physiques qu'elle est capable d'endurer, c'est pour donner à entendre que celles-ci sont aussi les siennes. Comme elle, il lui faut supporter la piqûre du sable soulevé par le vent, l'intensité du froid nocturne, les torrides chaleurs de midi et les fatigues du voyage ; comme elle, il doit endurer la soif et se contenter d'une maigre pitance ; comme elle, il doit sans cesse être aux aguets et, le cas échéant, se sacrifier au service de sa tribu. C'est dire que c'est au cours de sa traversée du désert que l'amant acquiert les vertus, réalise les prouesses et fait preuve des largesses qui feront de lui le digne représentant de sa tribu. De ces vertus désormais acquises, il s'enorgueillit à juste titre dans la troisième

---

1. Voir la Mu‘allaqa de T'arafa Ibn al-‘Abd, v. 22-23.

et dernière partie de sa *Mu'allaqa*. Fort de son expérience, il lui arrive aussi de mettre en valeur les vertus de ceux qu'il juge dignes de louanges.

L'auto-éloge (fakhr) et l'éloge (madîh')

Toutes les *Mu'allaqât*, à l'exception de celle d'Imru' al-Qays, se terminent soit par un morceau de bravoure où la jactance est reine et dans lequel le poète se glorifie d'être ce qu'il est, soit par l'éloge d'un roi ou de chefs de tribu ayant mérité l'estime à ses yeux, al-H'ârith Ibn H'illiza entrelaçant même habilement ces deux variantes de la dernière partie du poème.

L'auto-éloge

C'est avec beaucoup de panache que les poètes décrivent alors les batailles ou les duels dans lesquels ils ont fait montre de leurs qualités de guerriers, en usant pour ce faire d'étonnantes hyperboles qui rappellent celles des aèdes de la Grèce antique. Souvenons-nous à ce propos que la parole du poète était censée produire un effet magique : en mettant en avant les hauts faits dont lui-même et sa tribu pouvaient d'ores et déjà s'enorgueillir, en décrivant le sort qu'ils avaient l'habitude de réserver à leurs ennemis, il s'agissait non seulement de se mettre en valeur, mais aussi de mettre en garde quiconque avait des velléités de s'attaquer à eux. Vaincre l'adversaire – tribu ennemie (al-H'ârith Ibn H'illiza), censeur (T'arafa), bien-aimée méprisante ('Antara) – par l'effet irrésistible du verbe, voilà le but poursuivi [1]. Aussi ne faut-il pas prendre à la lettre les

---

1. Faut-il rappeler à ce propos que, même en français, le mot « convaincre » comporte la notion de victoire, et que Schéhérazade parvient, dans *Les Mille et Une Nuits*, à sauver sa vie en usant de son don de conteuse ?

férocités dont ils se vantent ; car la vertu par excellence qui se profile derrière cette jactance, est, au contraire, la maîtrise de soi.

En effet, la première vertu du preux est évidemment le courage au combat ; cependant, à en juger d'après les blâmes auxquels s'expose le jeune héros de la *Mu'allaqa* de T'arafa [1], ce courage devait être tempéré par la juste appréciation des risques encourus. Si nos valeureux guerriers devaient, certes, savoir faire front en cas de nécessité et se mettre au service de la collectivité en sachant manier à la fois la lance et le sabre, il était en revanche répréhensible de se précipiter à l'aveugle et à tout bout de champ dans la mêlée ; en d'autres termes, la témérité, c'est-à-dire un courage excessif, était vivement réprouvée.

La deuxième vertu dont il fallait être doté est la générosité. Celle-ci devait surtout se manifester à l'égard des hôtes, des veuves, des orphelins et des clients, à savoir de tous ceux qui s'étaient mis sous la protection de la tribu. Elle était, rappelons-le, une nécessité incontournable pendant les périodes de sécheresse, quand la pluie se faisait attendre et que les pâturages devenaient rares. Et pourtant, tout excès en la matière était à éviter, comme le suggère, une fois de plus, la *Mu'allaqa* de T'arafa [2], ainsi que celle de 'Antara [3]. En effet, la prodigalité, autrement dit une générosité exagérée qui aurait conduit au gaspillage des biens, était, elle, sévèrement blâmée, voire réprimée.

La troisième vertu était une certaine forme de savoir-vivre qui impliquait l'amour du vin. Mais s'enivrer au

---

1. Voir v. 55.
2. Voir v. 52.
3. Voir v. 39.

point d'en venir à des actes inconsidérés [1], pouvant nuire aux siens ou ruiner le buveur, était jugé indigne du preux.

Aussi est-ce le sens de la mesure en toute chose qui, malgré les apparences, était considéré comme la vertu cardinale que chacun se devait d'acquérir. C'est lui qui assurait au poète et aux siens le prestige et le respect d'autrui, car il était seul capable de garantir la préservation des richesses, les jugements équilibrés lors des conseils des tribus et la bonne stratégie en cas de combat.

L'éloge d'autrui

C'est bien ce sens de la mesure qui vaut aux deux chefs de la tribu des Murra l'éloge de Zuhayr dans la troisième partie de sa *Mu'allaqa*. C'est parce qu'ils ont su mettre fin à une guerre meurtrière de quarante ans et faire preuve d'une longanimité (*h'ilm*) et d'une générosité toutes deux exceptionnelles que le poète chante leurs louanges. Parallèlement, il fustige tous les fauteurs de troubles dont les excès ont été responsables de ce conflit coûteux, en se lançant dans une virulente diatribe contre la guerre en général, et contre les maux qu'elle engendre en particulier. Quant aux adages sur lesquels se termine son poème, ils expriment la douloureuse conscience que les contraintes de la vie nomade rendent la paix toujours précaire, et ardu l'exercice d'un pouvoir modéré. Zuhayr, alors âgé de quatre-vingts ans, fait ainsi preuve d'une sagesse où se côtoient un optimisme prudent et un pessimisme mesuré.

---

1. Voir les *Mu'allaqât* de 'Antara Ibn Chaddâd, v. 39, et de T'arafa Ibn al-'Abd, v. 52.

La séparation des amants : une épreuve initiatique ?

Ayant ainsi passé en revue les trois parties constitutives d'une *Mu'allaqa*, la question se pose de savoir quel rôle précis y assume la séparation des amants. Tout se passe en effet comme si elle correspondait à une épreuve voulue par la collectivité, voire par l'aimée. Dans la culture de l'époque, l'homme semble bien avoir été considéré comme naturellement sujet aux excès, comme spontanément enclin à se laisser dominer par ses passions, alors même que la modération en toute chose, garante de la survie de tous, était seule valorisée par la société. Et c'est la passion par excellence, à savoir l'amour, qui semble avoir été jugée comme la plus difficile à maîtriser. Aussi, imposer au jeune homme la séparation d'avec la bien-aimée était le moyen le plus sûr de lui apprendre à se dominer, à assumer les contraintes de la vie nomade et à faire ainsi preuve de virilité. La victoire sur le mal d'amour semble donc avoir été considérée comme la meilleure garantie contre les excès qui menaçaient d'entacher toutes les autres vertus du brave – de transformer le courage en témérité imbécile, la générosité en prodigalité ruineuse, l'amour du vin en ivrognerie néfaste. La séparation d'avec la femme aimée, qui ne laissait à l'amant d'autre choix que de déchoir en se laissant aller à son chagrin ou de se hisser au rang de preux, prend ainsi les allures étranges d'une épreuve initiatique.

LA *MU'ALLAQA* D'IMRU' AL-QAYS, UN CAS À PART ?

La première des *Mu'allaqât* et la plus célèbre d'entre elles, celle d'Imru' al-Qays, se distingue de toutes celles dont nous venons de parler par sa structure particulière. Comme les autres, elle est composée de trois parties.

Mais le prologue amoureux prend les allures d'une quête de la vierge idéale et met en scène plusieurs femmes ; le voyage est remplacé par une chasse à la gazelle, et s'il donne lieu, certes, à la description de la monture du poète, celle-ci est un cheval et non une chamelle ; enfin, la troisième et dernière partie consiste en une description de la pluie en lieu et place de l'(auto)-éloge.

La quête de la vierge idéale

Tout comme les autres poèmes, celui d'Imru' al Qays commence par la contemplation d'un campement abandonné, suivie de l'évocation du jour de la séparation d'avec la femme aimée et de la résurgence du désespoir qui l'avait accompagnée. Ce n'est qu'ensuite que le poète raconte ses diverses aventures amoureuses, en procédant de manière graduelle. Il fait tout d'abord état d'une rencontre avec des femmes à Dârat Djuldjuli, dont il se garde de révéler la teneur ; après quoi il relate sa rencontre avec des vierges auxquelles il a généreusement sacrifié sa chamelle qu'elles ont passé la journée à cuire et à manger. Puis il affirme s'être introduit dans le palanquin d'une jeune femme à laquelle il a fait l'amour, et auprès de laquelle il s'est vanté d'avoir eu d'autres aventures du même type avec des femmes mariées et d'ores et déjà mères. Enfin, il affirme avoir conquis, en mettant sa vie en jeu, une jeune vierge dont la description puise, comme ailleurs, à la fois dans la nature et la culture : c'est à cette vierge que le poète dit avoir voué une passion telle qu'il en a perdu le sommeil. Et ce n'est qu'après de longues nuits d'insomnie qu'il a finalement décidé de monter sur son coursier et de partir en voyage dans le but de vaincre son chagrin.

Sous-tendu par un érotisme subtil, ce prologue amoureux très spécial ainsi que d'autres du même type, réputés être l'œuvre d'Imru' al-Qays, ont transformé celui-ci, aux yeux de la postérité, en un véritable Don Juan. Or, le nom du poète, qui signifie littéralement « le serviteur de Qays », ne laisse pas d'interroger, quand on sait que Qays, à l'époque antéislamique, était le dieu de l'orage, et quand on constate que c'est par la description d'un orage que la *Mu'allaqa* du « serviteur de Qays » s'achève… Celle-ci décrirait-elle un rituel impliquant la quête de la vierge idéale ? Cette vierge idéale avait-elle un lien avec la pluie, et donc avec la fertilité ? Dans l'état actuel des recherches, il est impossible de répondre à ces questions. Mais l'objectif qui, dans l'Arabie préislamique, était celui de la chasse à la gazelle ne fait que renforcer cette hypothèse.

La chasse à la gazelle, une chasse rituelle ?

La chasse à la gazelle, qui se pratiquait habituellement à la manière de nos chasses à courre, mettait en jeu plusieurs cavaliers ainsi qu'une meute, comme en fait foi la *Mu'allaqa* de Labîd [1] : il est donc curieux de constater que celle décrite par Imru' al-Qays ne met en scène qu'un seul cheval, comme s'il s'agissait d'une chasse particulière. Une telle course poursuite exigeait du cheval des performances exceptionnelles, compte tenu de la rapidité des gazelles. Les Bédouins avaient en ce cas l'habitude, encore attestée à la fin du XVIIIe siècle [2], de priver leurs

---

1. Voir v. 47-52.
2. Sur les pur-sang arabes, on lira avec plaisir l'étonnant livre de W.S. Rzewuski, *Impressions d'Orient et d'Arabie*, Paris, José Corti/ Muséum national d'histoire naturelle, 2002. L'auteur est un comte polonais qui avait sillonné l'Arabie à la fin du XVIIIe siècle pour le compte du tsar. Celui-ci l'avait chargé de lui acheter des chevaux de

chevaux de nourriture et de les faire uriner, au besoin en
serrant les sangles de la selle, de manière qu'ils se vident
de tout liquide : c'est dans cet état qu'ils donnaient le
meilleur d'eux-mêmes. Aussi ne faut-il pas s'étonner que
le cheval d'Imru' al-Qays soit qualifié de « très maigre [1] ».
Cette monture devait également être capable de pirouet-
ter, car il arrive aux gazelles, lorsqu'elles sont poursui-
vies, d'avoir pour curieuse habitude de faire soudain
demi-tour et de revenir sur leur poursuivant : le cheval
devait alors être capable de volter au bon moment, pour
que le chasseur se trouve à la hauteur de la gazelle visée
et puisse lui enfoncer sa lance dans le cou. Enfin, et à
l'instar de la femme et de la chamelle, le cheval semble
avoir été perçu comme un médiateur entre la nature et la
culture : celui d'Imru' al-Qays a ainsi les flancs de la
gazelle, les jambes de l'autruche, le souple trot du loup
et le galop du renardeau [2]. Il « virevolte comme le caillou
percé que l'enfant fait tournoyer/ Des deux mains, tour à
tour, au bout d'une ficelle deux fois nouée [3] » ; son dos
fait penser à une pierre à piler des aromates de mariée, et
son piaffement au bouillonnement du chaudron [4].

L'ensemble de ces données ne manque pas de faire
venir à l'esprit les travaux de A.F.L. Beeston [5]. Ce grand
spécialiste de la chasse telle qu'elle se pratiquait en Arabie du Sud, région dont Imru' al-Qays était originaire,
cite des inscriptions trouvées au Yémen et dans le Djawf

---

race. Il raconte de savoureuses anecdotes relatives aux prouesses des
pur-sang arabes et des relations de confiance et de tendresse qui s'éta-
blissaient entre ceux-ci et leur cavalier et maître.

  1. Voir v. 55.
  2. Voir v. 59.
  3. Voir v. 58.
  4. Respectivement v. 61 et 55.
  5. A.F.L. Beeston, « The ritual hunt. A study on old south arabian
religious practice », *Le Muséon*, n° 61, 1948, p. 183-196.

– plaine située entre le Hadramaout et le Nedjrân –, selon lesquelles dieu n'a pas donné la pluie à telle tribu, parce qu'elle n'avait pas procédé, comme il se doit, à la chasse. Beeston raconte que la chasse au bouquetin, qui se déroulait, en général, pendant les périodes de sécheresse, était encore au début du XXe siècle, dans la partie méridionale de la péninsule, une chasse rituelle qui n'avait d'autre but que de faire venir la pluie. Or S. Sergeant [1], autre spécialiste de l'Arabie du Sud, fait remarquer à juste titre que les gazelles semblent avoir été dans l'Arabie ancienne des animaux sacrés, et émet l'hypothèse que la chasse à la gazelle pouvait bien avoir eu le même but. D'ailleurs, le poète chasseur de la *Mu'allaqa* d'Imru' al-Qays, à peine a-t-il aperçu la harde dont il prendra pour cible les bêtes de tête, compare les gazelles à « des vierges en manteaux à traîne, faisant la ronde autour d'une pierre sacrée [2] ».

Sergeant se réfère en outre au célèbre *Kitâb al-h'ayawân* (*Le Livre du vivant*) d'al-Djâh'iz' (776-868) [3], dans lequel celui-ci rapporte, sous le titre *al-H'arakât al-'adjîba* (*Mouvements étonnants*) [4], une danse curieuse : alors que de jeunes esclaves yéménites tressaient leurs cheveux, l'une d'entre elles frappait dans ses mains et dansait sur un rythme régulier, puis relevait, l'une après l'autre, ses deux tresses jusqu'à ce que celles-ci se dressent sur sa tête à la manière de cornes. Sergeant voit dans cette danse un rituel accompagnant la chasse, et al-Djâh'iz' précise que les « cornes » en question étaient obtenues en torsadant les cheveux et en les enduisant de

1. S. Sergeant, *South Arabian Hunt*, Londres, Luzac & Co., 1976, *passim*.

2. Voir v. 62.

3. Célèbre prosateur arabe, probablement d'origine abyssine.

4. Al-Djâh'iz', *Kitâb al-h'ayawân*, éd. 'Abd al-Salâm Muh'ammad Hârûn, Beyrouth, s.d., t. VI, p. 466.

substances collantes. Or, la vierge idéale sur la description de laquelle se termine le « prologue amoureux » dans la *Mu'allaqa* d'Imru' al-Qays a « les mèches torsadées de droite à gauche et relevées,/ Le ruban se perdant entre celles qu'elle recourbe et celles qu'elle laisse flotter [1] » – coiffure pour le moins sophistiquée, qui ressemble étrangement aux tresses transformées en cornes des jeunes filles yéménites pendant leur danse rituelle. L'ensemble de ces données semble donc renforcer l'hypothèse selon laquelle la *Mu'allaqa* d'Imru' al-Qays, serviteur du dieu de l'orage, était un poème de rituel.

Les *Mu'allaqât* nous transmettent ainsi les bribes d'une vision du monde qui devait avoir fait partie intégrante d'une mythologie où le ciel et la terre, la vie humaine, collective et individuelle, se trouvaient harmonieusement articulés les uns avec les autres. Comme dans de nombreuses mythologies, certaines figures étaient considérées comme des médiateurs entre la nature et la culture : c'est ici le cas de la femme, de la chamelle et du cheval. Et ce n'est peut-être pas un hasard si ces trois figures faisaient partie intégrante du *mâl*, autrement dit des biens les plus précieux de la tribu, sans lesquels la vie dans le désert eût été impossible. En effet, pas de pluie sans chasse à la gazelle et pas de chasse à la gazelle sans cheval ; pas de pâturages sans pluie, pas d'accès aux pâturages sans chamelle et donc pas de survie humaine sans elle ; de même, pas de passion amoureuse sans femme et pas de voyage d'apprentissage sans mal d'amour ; pas de voyage sans chamelle, pas de preux sans voyage et pas de survie humaine sans preux.

Les Suspendues, c'est ainsi que s'appellent nos poèmes. La raison en est qu'on les avait écrites en

---

1. Vers 36.

lettres d'or sur des tissus qu'on avait suspendus aux murs du sanctuaire païen de La Mecque – c'est, on l'a vu, ce qu'affirment les sources anciennes : la *Mu'allaqa* d'Imru' al-Qays n'est donc peut-être pas la seule à avoir été jadis un poème de rituel.

MÈTRES ET RIMES

Reste à savoir comment une *Mu'allaqa* se présente du point de vue formel dans sa version originale. La prosodie arabe est riche de seize mètres dont chacun a un nom et comporte un nombre fixe de syllabes, longues et brèves, qui alternent dans un ordre déterminé, ce qui confère à chaque mètre un rythme particulier. Une syllabe brève est formée d'une consonne et d'une voyelle brève (par exemple *ba*), une syllabe longue d'une consonne et d'une voyelle longue (par exemple *bâ*) ou d'une consonne, d'une voyelle brève et d'une consonne (par exemple *bal*).

Une fois choisis le mètre et la rime, le poète était dans l'obligation de les respecter tout au long du poème. Chaque vers (*bayt*) est par ailleurs composé de deux hémistiches (*mis'râ'*, au pluriel *mas'ârî'*), dont le premier est appelé *s'adr* et le second *'adjuz*. Les deux premiers hémistiches riment entre eux, ce qui n'est pas le cas des hémistiches suivants. Ces règles de composition allaient se maintenir pendant un millénaire et demi.

Quatre seulement des mètres disponibles sont exploités par les poètes des *Mu'allaqât*. Trois d'entre elles, celles de Imru' al-Qays, de T'arafa et de Zuhayr, sont composées sur le mètre *t'awîl* (le long) et ont respectivement pour rime -*lî*, -*dî* et -*mî* ; deux d'entre elles, celle de Labîd et de 'Antara, sont construites sur le mètre *kâmil* (le complet) et ont pour rime respectivement

-*âmuhâ* et -*mî* ; celle de ʻAmr Ibn Kulthûm est composé sur le mètre *wâfir* (le riche) et a pour rime -*nâ* ; enfin, le mètre choisi par al-H'ârith Ibn H'illiza est le *khafîf* (le léger), et son poème a pour rime -*â'û*.

Pour faciliter la mémorisation de la structure de chacun des seize mètres, les Arabes se servent de la racine *fʻl* [1] à laquelle ils ajoutent des préfixes, des infixes et des suffixes pour obtenir des schèmes représentant une suite donnée de syllabes longues et brèves : *faʻûlun*, par exemple, est ainsi composé d'une syllabe brève (*fa*), suivie de deux syllabes longues (*ʻû* et *lun*). Pour obtenir la structure d'un mètre, ils répètent le même schème ou une combinaison de plusieurs schèmes (par exemple *faʻûlun* et *mafâʻilun*) le nombre de fois nécessaire pour former le mètre en question (six fois *mutafâʻilun*, par exemple, ou quatre fois la combinatoire *faʻûlun mafâʻilun*). Voici donc comment apparaissent les quatre mètres des *Muʻallaqât* dans leur présentation arabe. Pour faciliter la reconnaissance des syllabes longues et brèves, nous les avons indiquées à l'aide de traits et de cercles : les premiers représentent les syllabes longues, les seconds les syllabes brèves. La double barre indique la frontière entre les deux hémistiches :

T'awîl

Faʻûlun mafâ ʻilun faʻûlun mafâ ʻilun//
○ – – / ○ – – – / ○ – – / ○ – – – //
faʻûlun mafâ ʻilun faʻûlun mafâ ʻilun
○ – – / ○ – – – / ○ – – / ○ – – –

Kâmil

Mutafâ ʻilun mutafâʻilun mutafâʻilun//
○ ○ – ○ – / ○ ○ – ○ – / ○ ○ – ○ – //

---

mutafâ'ilun mutafâ'ilun mutafâ'ilun
○ ○ – ○ – / ○ ○ – ○ – / ○ ○ – ○ –

Wâfir
Mufâ'alatun mufâ'alatun mufâ'alatun//
○ – ○ ○ – / ○ – ○ ○ – / ○ – ○ ○ – //
mufâ'alatun mufâ'alatun mufâ'alatun
○ – ○ ○ – / ○ – ○ ○ – / ○ – ○ ○ –

Khafîf
Fâ'ilâtun mustaf'ilun fâ'ilâtun//
– ○ – – / – – ○ – / – ○ – – //
fâ'ilâtun mustaf'ilun fâ'ilâtun
– ○ – – / – – ○ – / – ○ – –

Il va sans dire qu'il est impossible de respecter dans une traduction cette alternance entre syllabes longues et brèves, compte tenu de la différence entre l'arabe et le français, ce qui nous amène à dire quelques mots de la présente traduction.

À PROPOS DE NOTRE TRADUCTION

Le premier problème qui se pose au traducteur est le choix de la version qu'il va suivre. En effet, une première recension de six des *Mu'allaqât* aurait été l'œuvre du philologue al-As'ma'î (741-828). Mais à la même époque le philologue Abû 'Ubayda (728-824) se référait déjà à un recueil de sept poèmes. Ce nombre est également retenu par le traditionniste et philologue Abû Bakr al-Anbârî (885-940) dans son commentaire des *Mu'allaqât*, et par Abû Zayd al-Qurachî (fin du IXᵉ siècle) dans son anthologie connue sous le nom d'*al-Djamhara* (*Le Recueil*). Cette dernière est formée de sept groupes de sept poèmes dont, en premier lieu, les sept *Mu'allaqât*. La liste retenue par ces deux auteurs, en revanche, n'est pas la même : ils s'accordent sur les cinq premiers poèmes, mais divergent sur les deux derniers. Cependant, de forts doutes pèsent sur l'appartenance des deux poèmes divergents de la *Djamhara* aux *Mu'allaqât,* comme l'a magistralement démontré Pierre Larcher [1]. Aussi est-ce la liste d'al-Anbârî qui paraît la plus convaincante. Par la suite sont apparus des recueils de neuf, voire de dix poèmes. C'est le cas dans le commentaire d'Ibn al-Nah'h'âs (mort en 950) [2], qui ajoute aux sept poèmes d'al-Anbârî les deux poèmes divergents de la *Djamhara.* C'est également le cas dans le commentaire d'al-Tibrîzî (1030-1108 ou 1109), qui reprend la liste d'Ibn al-Nah'h'âs et y ajoute un dixième poème pour faire, comme il dit, « dix tout rond ». Enfin, la liste d'al-Anbârî est reprise par le commentateur al-Zawzanî (mort en 1093) [3], qui modifie simplement l'ordre dans lequel les poèmes sont présentés : c'est cette dernière version que nous avons choisi de suivre. Nous n'avons pas tenu compte des variantes, du reste peu importantes, que l'on trouve dans les autres recensions.

Les *Mu'allaqât* n'ont pas seulement fasciné les Arabes, mais aussi les arabisants : dès lors, il n'est guère étonnant qu'elles aient fait l'objet de nombreuses traductions dans les langues européennes. En ce qui concerne la France, ce n'est que très récemment que deux arabisants se sont attelés à la traduction de l'ensemble du recueil : il s'agit de Jacques Berque (1979) et de Pierre Larcher (2000),

---

1. P. Larcher, *Les Mu'allaqât. Les sept poèmes préislamiques,* Paris, Fata Morgana, « Les Immémoriaux », 2000, p. 13-15.

2. Grammairien égyptien et grand spécialiste de la poésie ancienne et du Coran.

3. Homme de lettres, né à Zawzan dans le Khurasân, à soixante kilomètres de l'actuelle frontière entre l'Iran et l'Afghanistan. Cette ville, conquise par les musulmans au milieu du VIIe siècle, connut au XIe siècle un renom certain grâce à ses savants et ses artisans. Elle reçut alors le surnom « la petite Bas'ra », en référence à la Bas'ra irakienne.

auxquels il convient d'ajouter André Miquel, qui a traduit la *Mu'allaqa* de Labîd (1992) et une partie de celle de Imru' al-Qays (1984). Alors pourquoi traduire à nouveau les *Mu'allaqât* ?

Jacques Berque a opté pour une traduction de type « poème en prose », Pierre Larcher pour une traduction en alexandrins, André Miquel pour une traduction rimée. La première de ces traductions pèche, à notre avis, par son parti pris d'exotisme : la volonté affichée de créer des mots nouveaux ou d'investir des mots existants d'un sens qu'ils n'ont pas dans la langue française, ou encore de bousculer la syntaxe, rend la lecture de cette traduction déroutante, sans pour autant réussir à restituer la poéticité des textes originaux. Quant aux traductions de Pierre Larcher et d'André Miquel, elles constituent de véritables prouesses. Mais les douze syllabes imposées par l'alexandrin, dans un cas, la systématisation de la rime, dans l'autre, n'en enferment pas moins le traducteur dans un carcan peu propice, par endroits, au déploiement de la richesse sémantique recelée par telle ou telle expression ou figure poétique, voire l'obligent à des gymnastiques verbales pas toujours heureuses.

Il nous a donc semblé utile de proposer une nouvelle traduction, en optant pour une voie médiane entre les choix opérés par nos prédécesseurs et en visant, plus particulièrement, un public de non-spécialistes. Nous avons ainsi respecté la disposition en hémistiches, mais sans nous imposer un nombre fixe de syllabes, ce qui nous laissait une liberté certaine pour rendre l'éventuelle polysémie d'un mot ou d'un syntagme, voire pour expliciter certaines images peu familières et difficilement compréhensibles pour le lecteur français. Nous n'avons pas fui la rime, quand celle-ci se présentait, mais sans en faire une obligation. Nous avons néanmoins veillé au rythme et soigné les allitérations et les assonances quand elles étaient possibles sans forcer le texte. Sauf exception, nous nous en sommes tenue à un lexique courant et à une syntaxe aussi fluide que possible, de manière à faciliter la lecture aux non-spécialistes. Nous espérons ainsi avoir réussi à rendre la richesse et la beauté de ces petits chefs-d'œuvre qui, tout en nous dépaysant, nous rappellent sans cesse notre condition humaine et font comme tels partie du patrimoine littéraire mondial.

Heidi TOELLE.

REMERCIEMENTS

Il me reste à remercier tous ceux qui m'ont aidée à réaliser cette traduction : 'Abdeljabbar Bengharbia a pris sur son temps pour la relire avec l'œil sourcilleux du grammairien et du linguiste et a eu la gentillesse de me communiquer un tapuscrit concernant le jeu du *maysir*, rédigé par l'un de nos collègues tunisiens, Muh'ammad 'Adjîna. Ma sœur, Hannelore Guski, a bien voulu photocopier pour moi un certain nombre de textes, disponibles seulement dans l'une des bibliothèques de Berlin, et m'aider dans la recherche des noms français pour certaines des plantes figurant dans les *Mu'allaqât*. Mon amie Léna Strauch a fait de même et, pour m'éviter de devoir me déplacer, a donné de son temps pour retrouver un certain nombre de références bibliographiques que j'avais égarées. Mes voisins et amis, Josette et Bernard Canceill, enfin, ont eu la gentillesse de lire la traduction à titre en quelque sorte expérimental. Scientifiques de formation, ils ne sont guère familiers de la culture arabe antéislamique. Leurs questions, leurs remarques, leurs suggestions ne m'ont pas seulement conduite à modifier la traduction de certains vers, elles m'ont aussi servi de guide pour la rédaction de l'introduction. Que toutes et tous soient ici assurés de ma très sincère reconnaissance.

H. T.

Le système de translittération de l'arabe au français que nous avons suivi dans cet ouvrage est le suivant :

ء	'	ض	d'
ب	b	ط	t'
ت	t	ظ	z'
ث	th	ع	'
ج	dj	غ	gh
ح	h'	ف	f
خ	kh	ق	q
د	d	ك	k
ذ	dh	ل	l
ر	r	م	m
ز	z	ن	n
س	s	ه	h
ش	ch	و	w
ص	s'	ي	y

LES SUSPENDUES

AL-MU'ALLAQÂT

LA *MU'ALLAQA* D'IMRU' AL-QAYS

قِفا نَبْكِ مِنْ ذِكْرَى حَبِيبٍ ومَنْزِلِ
بِسِقْطِ اللِّوَى بَيْنَ الدَّخُولِ فَحَوْمَلِ

فَتُوْضِحَ فَالمِقْراةِ لَمْ يَعْفُ رَسْمُها
لِمَا نَسَجَتْها مِنْ جَنُوبٍ وشَمْأَلِ

تَرَى بَعَرَ الأرْآمِ فِي عَرَصَاتِهـا
وَقِيعَـانِهَا كَأَنَّهُ حَبُّ فُلْفُـلِ

كَأَنِّي غَدَاةَ البَيْنِ يَوْمَ تَحَمَّلُـوا
لَدَى سَمُرَاتِ الحَيِّ نَاقِفُ حَنْظَلِ

وُقُوْفاً بِها صَحْبِي عَلَيَّ مَطِيَّهُـمْ
يَقُولُونَ لاَ تَهْلِكْ أَسَىً وَتَجَمَّـلِ

وإنَّ شِفَائِي عَبْرَةٌ مُهْرَاقَةٌ
فَهَلْ عِنْدَ رَسْمٍ دَارِسٍ مِنْ مُعَوَّلِ

1 Arrêtez vos montures vous deux et pleurons, en nous
  souvenant d'une femme aimée et d'un campement
  Aux confins en courbe des sables entre Dakhûl et
  H'awmal,

2 Tûd'ih' et l-Miqrât. Ses traces ne sont pas effacées
  encore
  Grâce au tissage du vent du sud et du vent du nord.

3 Sur ses aires et sur ses terrains plats, tu vois,
  Tels grains de poivre noirs, les crottes des gazelles
  blanches.

4 Et ce fut, comme si au matin de la séparation, le jour où
  ils levèrent le camp,
  Près des acacias du clan où la coloquinte égrenai,

5 Mes compagnons arrêtaient sur moi leurs montures :
  «Ne te laisse pas mourir, fais bonne figure!»

6 Alors qu'une larme versée m'aurait, seule, consolé!
  – Mais face à des traces qui s'effacent une larme peut-
  elle aider?

كَدَأْبِكَ مِنْ أُمِّ الحُوَيْرِثِ قَبْلَهَا
وَجَــارَتِهَا أُمِّ الرَّبَابِ بِمَأْسَـلِ

إِذَا قَامَتَا تَضَوَّعَ المِسْكُ مِنْهُمَـا
نَسِيمَ الصَّبَا جَاءَتْ بِرَيَّا القَرَنْفُلِ

فَفَاضَتْ دُمُوعُ العَيْنِ مِنِّي صَبَابَةً
عَلَى النَّحْرِ حَتَّى بَلَّ دَمْعِي مِحْمَلِي

أَلاَ رُبَّ يَوْمٍ لَكَ مِنْهُنَّ صَالِـــحٍ
وَلاَ سِيَّمَا يَوْمٍ بِدَارَةِ جُلْجُــلِ

ويَوْمَ عَقَرْتُ لِلْعَذَارَى مَطِيَّتِــي
فَيَا عَجَباً مِنْ كُورِهَا المُتَحَمَّــلِ

فَظَلَّ العَذَارَى يَرْتَمِينَ بِلَحْمِهَا
وشَحْمٍ كَهُدَّابِ الدِّمَقْسِ المُفَتَّــلِ

7 Comme avant elle, tu avais coutume de faire
   À Mas'al pour la mère de H'uwayrith et sa voisine, de
   Rabâb la mère.

8 Quand elles se levaient le matin, elles fleuraient bon le
   musc,
   Brise de vent d'est portant fragrance de giroflée.

9 Alors la nostalgie fit déborder mes yeux et, noyant mon
   cou,
   Mes larmes allèrent jusqu'à mouiller mon baudrier.

10 Ah! Je me souviens des jours heureux qu'aux femmes
   je dois!
   Surtout d'un jour à Dârat Djuldjuli!

11 Et du jour où aux vierges j'immolai ma chamelle,
   Tout émerveillé d'en voir emportés bagages et selle!

12 Les vierges passaient leur journée à s'en jeter la viande
   Et le gras[1] dont on aurait dit les crépines cordonnées
   d'un damas.

---

1. Au milieu du XX\e siècle encore, les Bédouins, lorsqu'ils invitaient
quelqu'un sous leur tente, lui disaient «Je t'offre de la viande et du
gras», pour dire : «Je sacrifierai une chamelle pour toi.» Voir W. Thesiger,
Le Désert des déserts, Paris, Plon, «Terre humaine», 1978, p. 210.

ويَوْمَ دَخَلْتُ الخِدْرَ خِدْرَ عُنَيْزَةٍ
فَقَالَتْ لَكَ الوَيْلَاتُ إِنَّكَ مُرْجِلِي

تَقُولُ وقَدْ مَالَ الغَبِيطُ بِنَا مَعاً
عَقَرْتَ بَعِيرِي يَا امْرَأَ القَيْسِ فَانْزِلِ

فَقُلْتُ لَهَا سِيرِي وأَرْخِي زِمَامَهُ
ولاَ تُبْعِدِينِي مِنْ جَنَاكِ المُعَلَّلِ

فَمِثْلِكِ حُبْلَى قَدْ طَرَقْتُ ومُرْضِعٍ
فَأَلْهَيْتُهَا عَنْ ذِي تَمَائِمَ مُحْوِلِ

إِذَا مَا بَكَى مِنْ خَلْفِهَا انْصَرَفَتْ لَهُ
بِشَقٍّ وتَحْتِي شِقُّهَا لَمْ يُحَوَّلِ

ويَوْماً عَلَى ظَهْرِ الكَثِيبِ تَعَذَّرَتْ
عَلَيَّ وآلَتْ حَلْفَةً لم تَحَلَّلِ

13 Et du jour où le palanquin, le palanquin de 'Unayza je
   déflorai!
   «Malheur! te dit-elle, tu vas m'obliger d'aller à pied!»

14 Et le bât penchant de côté avec nous deux, elle dit:
   «Tu tues mon chameau! Imru' al-Qays, descends!»

15 Je lui dis: «Va et la rêne lui lâche!
   Et de te cueillir, de te cueillir encore, point ne
   m'empêche!

16 Telle autre, enceinte et allaitant un fils d'un an, porteur
   de talismans,
   Comme toi je visitais la nuit, la détournant de lui.

17 Quand derrière elle il pleurait, du buste vers lui elle se
   tournait,
   Tandis que son ventre, sous moi, se maintenait.»

18 Un jour, sur la crête de la dune, elle se refusa à moi,
   Faisant le serment que jamais, jamais elle ne se
   dédirait.

أفاطِمَ مَهْلاً بَعْضَ هَذَا التَّدَلُّلِ
وإِنْ كُنْتِ قَدْ أَزْمَعْتِ صَرْمِي فَأَجْمِلي

أَغَرَّكِ مِنِّي أَنَّ حُبَّكِ قَاتِلِي
وأَنَّكِ مَهْمَا تَأْمُرِي القَلْبَ يَفْعَلِ

وإِنْ تَكُ قَدْ سَاءَتْكِ مِنِّي خَلِيقَةٌ
فَسُلِّي ثِيَابِي مِنْ ثِيَابِكِ نَنْسُلِ

وَمَا ذَرَفَتْ عَيْنَاكِ إِلَّا لِتَضْرِبِي
بِسَهْمَيْكِ فِي أَعْشَارِ قَلْبٍ مُقَتَّلِ

وبَيْضَةِ خِدْرٍ لاَ يُرَامُ خِبَاؤُهَا
تَمَتَّعْتُ مِنْ لَهْوٍ بِهَا غَيْرَ مُعْجَلِ

19 «Fâtima! Doucement! Un peu moins de coquetterie!
   Et si tu es décidée de me quitter, alors agis bellement!

20 Qu'est-ce donc qui te fourvoie? Que l'amour que j'ai
   pour toi me tue?
   Que mon cœur à tes ordres – quels qu'ils soient – se
   plie?

21 Si tel trait de mon caractère t'a déplu
   Arrache mes vêtements des tiens et peau neuve faisons!

22 Tes yeux ne versent des larmes que pour pouvoir
   toucher,
   À l'aide de leurs deux flèches, les quatre quartiers d'un
   cœur déjà blessé à mort[1].»

23 Je me souviens d'une pucelle, intacte et belle comme
   l'œuf d'autruche, dérobée aux regards au fond de sa
   tente, interdite au désir
   À me divertir avec elle sans hâte j'ai pris mon plaisir.

---

1. Allusion au jeu du *maysir*, dont l'enjeu était un chameau découpé
en dix parts. Grâce à deux flèches dont l'une rapportait sept parts et
l'autre trois, le joueur pouvait gagner les dix parts du chameau, soit le
chameau tout entier (voir notre Présentation, *supra*, p. 32-34). Aussi
le texte arabe parle-t-il des «dix morceaux du cœur» que la femme
conquiert grâce aux deux flèches de son regard, métaphore que nous
avons tenté de rendre aussi bien que possible, en optant pour «quatre
quartiers».

تَجَاوَزْتُ أَحْرَاساً إِلَيْهَا وَمَعْشَراً
عَلَيَّ حِرَاصاً لَوْ يُسِرُّونَ مَقْتَلِـي

إِذَا مَا الثُّرَيَّا فِي السَّمَاءِ تَعَرَّضَتْ
تَعَرُّضَ أَثْنَاءِ الوِشَاحِ المُفَصَّـلِ

فَجِئْتُ وَقَدْ نَضَّتْ لِنَوْمٍ ثِيَابَهَـا
لَـدَى السِّتْرِ إِلَّا لِبْسَةَ المُتَفَضِّـلِ

فَقَالَـتْ : يَمِينَ اللهِ مَا لَكَ حِيلَةٌ
وَمَا إِنْ أَرَى عَنْكَ الغَوَايَةَ تَنْجَلِـي

خَرَجْتُ بِهَا أَمْشِي تَجُرُّ وَرَاءَنَا
عَلَـى أَثَرَيْنا ذَيْلَ مِرْطٍ مُرَحَّـلِ

فَلَمَّا أَجَزْنَا سَاحَةَ الحَيِّ وَانْتَحَـى
بِنَا بَطْنُ خَبْتٍ ذِي حِقَافٍ عَقَنْقَلِ

24 Pour l'atteindre, j'avais passé des gardes et une coterie
   Qui, pour peu que cela restât secret, m'aurait volontiers
   occis,

25 Quand dans le ciel les Pléiades montaient obliquement,
   Comme un collier à deux rangs séparés par un joyau
   médian.

26 Je vins. Pour dormir, elle avait, tout près du rideau,
   Ôté ses vêtements, sauf celui qu'on garde pour prendre
   du repos.

27 «Par Dieu, dit-elle, avec toi rien n'y fait! J'ai beau
   chercher!
   Mais je ne vois pas la folie te quitter.»

28 Je la fis sortir à pied, et derrière nous elle laissait traîner,
   Sur notre double trace, la traîne de son manteau en
   laine brodée.

29 Et quand, l'aire du clan une fois traversée, se présenta à
   nous sur le côté,
   Pourvu de dunes en forme de demi-lunes, un creux à
   l'abri du danger,

هَصَرْتُ بِفَوْدَيْ رَأْسِهَا فَتَمَايَلَتْ

عَلَيَّ هَضِيمَ الكَشْحِ رَيَّا المُخَلْخَلِ

مُهَفْهَفَةٌ بَيْضَاءُ غَيْرُ مُفَاضَةٍ

تَرَائِبُهَا مَصْقُولَةٌ كَالسَّجَنْجَلِ

كَبِكْرِ المُقَانَاةِ البَيَاضَ بِصُفْرَةٍ

غَـذَاهَا نَمِيرُ المَاءِ غَيْرُ المُحَلَّلِ

تَصُدُّ وَتُبْدِي عَنْ أَسِيلٍ وَتَتَّقِـي

بِـنَاظِرَةٍ مِنْ وَحْشِ وَجْرَةَ مُطْفِلِ

وَجِيدٍ كَجِيدِ الرِّئْمِ لَيْسَ بِفَاحِشٍ

إِذَا هِـيَ نَصَّتْـهُ وَلاَ بِمُعَطَّـلِ

وَفَـرْعٍ يَزِينُ المَتْنَ أَسْوَدَ فَاحِـمٍ

أَثِيثٍ كَقِنْوِ النَّخْلَةِ المُتَعَثْكِـلِ

30 Je la pris par les tempes pour l'attirer à moi et, telle une
 branche, elle s'inclina vers moi,
 La taille fine, la cheville, où l'on met les bracelets,
 pulpeuse, comme arrosée,

31 Svelte, blanche, le ventre ferme et plat,
 La gorge comme le miroir lustrée,

32 D'un blanc ocré comme l'œuf d'autruche,
 Nourrie d'une eau limpide et pure que nul chameau
 jamais n'avait souillée.

33 Elle se détourne et offre à la vue l'ovale d'une joue,
 Des gazelles suitées de Wadjra, l'œil aux aguets,

34 De la gazelle blanche, quand elle dresse le sien,
 Le cou pas trop long, pas nu, mais pourvu de bijoux,

35 Les cheveux ornant le dos d'un noir charbonneux,
 Touffus comme les grappes chargées de dattes du
 palmier,

غَدَائِرُهُ مُسْتَشْزِرَاتٌ إِلَى الْعُـــلاَ
ضَلُّ الْعِقَاصِ فِي مُثْنًى وَمُرْسَــلِ

وَكَشْحٍ لَطِيفٍ كَالْجَدِيلِ مُخَصَّـــرٍ
وَسَاقٍ كَأُنْبُوبِ السَّقِيِّ الْمُذَلَّـــلِ

وَتُضْحِي فَتِيتُ الْمِسْكِ فَوْقَ فِرَاشِهَا
نَؤُومُ الضُّحَى لَمْ تَنْتَطِقْ عَنْ تَفَضُّـــلِ

وَتَعْطُـــو بِرَخْصٍ غَيْرِ شَثْنٍ كَأَنَّـــهُ
أَسَارِيعُ ظَبْيٍ أَوْ مَسَاوِيكُ إِسْحِـــلِ

تُضِـــيءُ الظَّلاَمَ بِالْعِشَاءِ كَأَنَّهَا
مَنَارَةُ مُمْسَى رَاهِـــبٍ مُتَبَتِّـــلِ

36 Les mèches torsadées de droite à gauche et relevées,
Le ruban se perdant entre celles qu'elle recourbe et celles qu'elle laisse flotter[1],

37 La taille mince et souple comme la bride en cuir,
La jambe droite comme le jonc sous un palmier aux grappes surchargées.

38 Quand le soleil est déjà haut, sur sa couche jonchée de musc pilé,
Elle dort encore, n'ayant pas, par-dessus sa robe d'oisive, à se ceindre les reins.

39 Elle prend avec des doigts tendres, souples et graciles,
Comme les vers de sable de D'abî[2] ou les ramilles de l'Ishil[3].

40 Les ténèbres du soir elle éclaire,
Comme la lampe d'un ermite en son refuge nocturne solitaire.

---

1. À propos de cette coiffure, voir notre Présentation, *supra*, p. 56-57.

2. Ces vers de sable sont blancs et ont la tête rousse, évoquant ainsi les doigts blancs et teintés de henné.

3. Littéralement, «les cure-dents de l'Ishil». Ces cure-dents sont des ramilles assez épaisses de l'arbuste en question; ils sont donc sans rapport, du point de vue de leur forme, avec les minces et rigides bâtonnets de nos cure-dents européens.

إِلَى مِثْلِهَا يَرْنُو الحَلِيمُ صَبَابَةً

إِذَا مَا اسْبَكَرَّتْ بَيْنَ دِرْعٍ ومِجْوَلِ

تَسَلَّتْ عَمَايَاتُ الرِّجَالِ عَنِ الصِّبَا

ولَيْسَ فُؤَادِي عَنْ هَوَاكِ بِمُنْسَلِ

أَلاَّ رُبَّ خَصْمٍ فِيكِ أَلْوَى رَدَدْتُهُ

نَصِيحٍ عَلَى تَعْذَالِهِ غَيْرِ مُؤْتَلِ

ولَيْلٍ كَمَوْجِ البَحْرِ أَرْخَى سُدُولَهُ

عَلَيَّ بِأَنْوَاعِ الهُمُومِ لِيَبْتَلِي

فَقُلْتُ لَهُ لَمَّا تَمَطَّى بِصُلْبِهِ

وأَرْدَفَ أَعْجَازاً وَنَاءَ بِكَلْكَلِ

41 C'est pour sa pareille, qu'à l'âge de raison, le jeune
   homme éprouve une tendre passion,
   Quand, entre robe de fillette et chemise de jeune fille[1],
   elle est devenue nubile,

42 L'homme mûr de ses aveugles amours de jeunesse finit
   par faire son deuil,
   Mais mon cœur de sa folle passion pour toi refuse de
   faire le sien.

43 Souvent, des opiniâtres querelleurs, me prodiguant
   De bons conseils te regardant, j'ai repoussé les blâmes
   incessants !

44 Souvent, la nuit, comme de la mer les vagues, a déferlé
   ses voiles
   Sur moi, lestées de maint tourment pour m'éprouver.

45 Je lui disais, chaque fois, quand, allongeant l'échine,
   Le poitrail déjà lointain, elle faisait voir sa croupe,
   enfin :

---

1. Ce vers semble implicitement faire allusion à un rite de passage à
la suite duquel la fillette changeait de type de vêtement pour faire voir
qu'elle était désormais nubile, et donc susceptible d'être demandée en
mariage. Notons que, de nos jours encore, le voile n'est en principe
recommandé qu'aux jeunes filles nubiles.

ألاَ أَيُّهَا اللَّيْلُ الطَّوِيلُ ألاَ انْجَلِــــي
بِصُبْحٍ وَمَا الإِصْبَاحُ مِنكَ بِأَمْثَــلِ

فَيَــــا لَكَ مَنْ لَيْلٍ كَأَنَّ نُجُومَـهُ
بِـأَمْرَاسِ كَتَّانٍ إِلَى صُمٍّ جَنْـــدَلِ

وقِـرْبَةِ أَقْـوَامٍ جَعَلْتُ عِصَامَهَــــا
عَلَى كَاهِلٍ مِنِّي ذَلُولٍ مُرَحَّـــلِ

وَوَادٍ كَجَـوْفِ العَيْرِ قَفْرٍ قَطَعْتُـــهُ
بِـهِ الذِّئْبُ يَعْوِي كَالخَلِيعِ المُعَيَّـــلِ

فَقُلْـتُ لَهُ لَمَّا عَوَى : إِنَّ شَأْنَنَـــا
قَلِيلُ الغِنَى إِنْ كُنْتَ لَمَّا تَمَـــوَّلِ

46 «Ô longue nuit! Ne te dissiperas-tu donc pas afin que
    resplendisse
    Le matin, encore que le matin ne vaille pas mieux que
    toi!

47 Quelle formidable nuit que toi dont les étoiles paraissent
    Comme attachées aux roches sourdes avec des cordes
    en lin!»

48 Souvent, pour la gente bédouine, j'ai mis de l'outre les
    courroies
    Sur mon humble épaule de nomade endurci.

49 Souvent, j'ai traversé des ravins déserts, creux comme
    ventres d'onagres,
    Où, tel le fils renié par son père, accablé d'enfants, le
    loup hurlait à la faim.

50 Quand ses hurlements cessaient, je lui disais: «Quel
    maigre butin que le nôtre,
    Si toi, tu n'es pas riche en troupeaux!

كِـــلَانَا إِذَا مَا نَالَ شَيْئَاً أَفَاتَـهُ
وَمَنْ يَحْتَرِثْ حَرْثِي وَحَرْثَكَ يَهْـزِلِ

وَقَـــدْ أَغْتَدِي وَالطَّيْرُ فِي وُكُنَاتِهَـا
بِمُنْجَـرِدٍ قَيْـدِ الأَوَابِدِ هَيْكَـلِ

مِكَرٍّ مِفَرٍّ مُقْبِلٍ مُدْبِـرٍ مَعَـاً
كَجُلْمُودِ صَخْرٍ حَطَّهُ السَّيْلُ مِنْ عَلِ

كُمَيْتٍ يَزِلُّ اللِّبْـدُ عَنْ حَالِ مَتْنِـهِ
كَمَا زَلَّـتِ الصَّفْـوَاءُ بِالْمُتَنَـزِّلِ

عَلَى الذَّبْلِ جَيَّاشٍ كَأَنَّ اهْتِـزَامَهُ
إِذَا جَاشَ فِيهِ حَمْيُهُ غَلْيُ مِرْجَـلِ

مِسَحٍّ إِذَا مَا السَّابِحَاتُ عَلَى الوَنَى
أَثْرْنَ الغُبَـارَ بِالْكَـدِيدِ الْمُرَكَّـلِ

86

51 La chose une fois obtenue, nous la laissons filer entre
   nos doigts,
   Vit maigrement quiconque laboure son champ comme
   toi et moi[1]. »

52 Avant l'aube, quand les oiseaux nichent encore, il
   m'arrive de monter
   Sur un cheval fougueux, à poil ras, bien charpenté,
   entrave du gibier,

53 Tour à tour, chargeant, la fuite simulant, fonçant,
   décrochant,
   Comme la dure roche dévalée par le torrent

54 Bai au dos si lisse que le feutre en glisse,
   Comme sur le galet poli glisse l'eau.

55 Très maigre, certes, mais impétueux! Quand,
   bouillonnant d'ardeur,
   Il piaffe, il fait penser au chaudron bouillant.

56 Vif-argent, quand les galopeuses, épuisées,
   Soulèvent la poussière sur le sol martelé.

---

1. Les vers 48-51 sont réputés avoir été à tort introduits dans cette
Mu'allaqa. Ils sont attribués à un autre poète du nom de Ta'abbata
Charran, et sont absents de certaines recensions du poème d'Imru'
al-Qays.

يُزِلُّ الغُلاَمَ الخَفَّ عَنْ صَهَـــوَاتِهِ
وَيُلْوِي بِأَثْوَابِ العَنِيـــفِ المُثَقَّـــلِ

دَرِيرٍ كَخُذْرُوفِ الوَلِيدِ أَمَرَّهُ
تَتَابُعُ كَفَّيْـــهِ بِخَيْطٍ مُوَصَّـــلِ

لَهُ أَيْطَــلَا ظَبْيٍ وَسَاقَا نَعَامَةٍ
وِإِرْخَاءُ سِرْحَانٍ وَتَقْرِيبُ تَتْفُـــلِ

ضَلِيعٍ إِذَا اسْتَدْبَرْتَهُ سَدَّ فَرْجَـــهُ
بِضَافٍ فُوَيْقَ الأَرْضِ لَيْسَ بِأَعْزَلِ

كَأَنَّ عَلَى المَتْنَيْنِ مِنْهُ إِذَا انْتَحَى
مَدَاكَ عَرُوسٍ أَوْ صَلاَيَةَ حَنْظَلِ

فَعَـــنَّ لَنَا سِــرْبٌ كَأَنَّ نِعَاجَـــهُ
عَــذَارَى دَوَارٍ فِي مُلاءٍ مُذَيَّلِ

88

57 De son corsage glisse le jouvenceau novice,
    Au cavalier pesant et aguerri, il arrache ses vêtements,

58 Virevolte comme le caillou percé que l'enfant fait
      tournoyer
    Des deux mains, tour à tour, au bout d'une ficelle deux
      fois nouée.

59 Gazelle pour les flancs, autruche pour les jambes,
    Loup pour la souplesse du trot, renardeau pour le galop,

60 Il a les côtes vigoureuses et, le vois-tu par-derrière, sa
      queue
    Au crin fourni, pas trop long, bien d'aplomb, de ses
      fesses couvre le sillon.

61 Sur son dos, au grand galop, on dirait rivée
    Une pierre à piler la coloquinte ou des aromates de
      mariée.

62 Devant nous surgit une harde dont les femelles
      ressemblaient
    À des vierges en manteaux à traîne, faisant la ronde
      autour d'une pierre sacrée.

فَأَدْبَرْنَ كَالجِزْعِ المُفَصَّلِ بَيْنَـهُ

بِجِيدٍ مُعَمٍّ فِي العَشِيرَةِ مُخْـوَلِ

فَأَلْحَقْنَا بِالهَادِيَاتِ وَدُونَـهُ

جَوَاحِرُهَا فِي صَرَّةٍ لَمْ تُزَيَّـلِ

فَعَـادَى عِدَاءً بَيْنَ ثَوْرٍ وَنَعْجَـةٍ

دِرَاكاً وَلَمْ يَنْضَحْ بِمَاءٍ فَيُغْسَـلِ

فَظَلَّ طُهَاةُ اللَّحْمِ مِن بَيْنِ مُنْضِجٍ

صَفِيـفَ شِوَاءٍ أَوْ قَدِيرٍ مُعَجَّـلِ

ورُحْنَا يَكَادُ الطَّرْفُ يَقْصُرُ دُونَـهُ

مَتَى تَـرَقَّ العَيْـنُ فِيهِ تَسَفَّـلِ

كَأَنَّ دِمَاءَ الهَادِيَاتِ بِنَحْـرِهِ

عُصَارَةُ حِنَّاءٍ بِشَيْـبٍ مُرَجَّـلِ

63 Elles s'enfuirent et l'on aurait dit alors des coquillages
    mêlés de pierreries
    Au cou d'un garçon du clan, doté d'illustres oncles, côté
    père comme mère.

64 Les bêtes de tête, il nous fit rattraper, laissant derrière
    Les retardataires en troupe, restés inséparablement
    groupés.

65 Taureau et femelle, il chargea tour à tour,
    Parvenant à les forcer tous deux sans être en sueur,
    ne fût-ce qu'un peu.

66 Les cuisiniers passaient la journée à cuire la viande
    comme il faut,
    Faisant sécher ou prestement bouillir au chaudron
    les différents morceaux.

67 Quand, le soir, nous repartîmes, à le contempler, on
    n'en croyait pas ses yeux,
    Le regard vers le haut à peine levé, aussitôt vers le bas
    se sentait glisser.

68 Sur son poitrail, le sang des bêtes de tête faisait penser
    À du suc de henné dans des cheveux blancs démêlés.

فَبَاتَ عَلَيْهِ سَرْجُهُ ولِجَامُهُ
وَبَاتَ بِعَيْنِي قَائِماً غَيْرَ مُرْسَلِ

أَصَاحِ تَرَى بَرْقاً أُرِيكَ وَمِيضَهُ
كَلَمْعِ اليَدَيْنِ فِي حَبِيٍّ مُكَلَّلِ

يُضِيءُ سَنَاهُ أَوْ مَصَابِيحُ رَاهِبٍ
أَمَالَ السَّلِيطَ بِالذُّبَالِ المُفَتَّلِ

قَعَدْتُ لَهُ وَصُحْبَتِي بَيْنَ ضَارِجٍ
وَبَيْنَ العُذَيْبِ بُعْدَمَا مُتَأَمِّلِ

عَلَى قَطَنٍ بِالشَّيْمِ أَيْمَنُ صَوْبِهِ
وَأَيْسَرُهُ عَلَى السِّتَارِ فَيَذْبُلِ

فَأَضْحَى يَسُحُّ المَاءَ حَوْلَ كُتَيْفَةٍ
يَكُبُّ عَلَى الأَذْقَانِ دَوْحَ الكَنَهْبَلِ

69   Il passa la nuit sous la selle et la bride au cou,
     Debout devant moi, n'ayant pas été lâché.

70   «Ami! Vois-tu l'éclair? Regarde! là! la lueur!
     Diadème du nuage, comme scintillement de deux
       mains,

71   Clarté d'éclair ou lueur de lampes d'ermite qui
     Mouille d'huile leurs mèches solidement tordues?»

72   Je fis halte avec mes compagnons entre D'âridj
     Et l-'Udhayb, scrutant l'horizon au loin

73   Les éclairs guettant, on devinait la pluie à droite sur le
       Qat'an,
     À gauche sur al-Sitâr, puis sur le Yadhbul.

74   Le matin, elle tombait dru sur Kutayfa et ses alentours,
     Couchant sur leurs barbes les acacias géants

وَمَرَّ عَلَى القَنَانِ مِنْ نَفَيَانِهِ

فَأَنْزَلَ مِنْهُ العُصْمَ مِنْ كُلِّ مَنْزِلِ

وَتَيْمَاءَ لَمْ يَتْرُكْ بِهَا جِذْعَ نَخْلَةٍ

وَلاَ أُطُماً إِلاَّ مَشِيداً بِجَنْدَلِ

كَأَنَّ ثَبِيراً فِي عَرَانِينِ وَبْلِهِ

كَبِيرُ أُنَاسٍ فِي بِجَادٍ مُزَمَّلِ

كَأَنَّ ذُرَى رَأْسِ المُجَيْمِرِ غُدْوَةً

مِنَ السَّيْلِ وَالأَغْثَاءِ فَلْكَةُ مِغْزَلِ

وَأَلْقَى بِصَحْرَاءِ الغَبِيطِ بَعَاعَهُ

نُزُولَ اليَمَانِي ذِي العِيَابِ المُحَمَّلِ

كَأَنَّ مَكَاكِيَّ الجِوَاءِ غُدَيَّةً

صُبِحْنَ سُلاَفاً مِنْ رَحِيقٍ مُفَلْفَلِ

75 Au passage, elle arrosa le mont Qanân,
Faisant descendre de partout les mouflons aux pieds
tachés de blanc.

76 À Taymâ', elle ne laissa sur pied le tronc d'aucun
palmier,
Aucun fortin si ce n'est bâti sur le rocher.

77 Dans les premières bourrasques de pluie, le Thabîr
paraissait
Un auguste émir enveloppé de son manteau rayé.

78 Le matin suivant, les cimes du Mudjaymar
ressemblaient
Au fuseau du fait des débris que le torrent charriait.

79 La pluie déversa sur le désert d'al-Ghabît' ses tapis
d'herbes et de fleurs,
Comme le marchand d'étoffes yéménite sa charge de
sacs en cuir.

80 Des passereaux d'al-Djiwâ', on aurait dit, de grand
matin,
Qu'on leur avait servi le moût d'un vin poivré.

كَأَنَّ السِّبَاعَ فِيهِ غَرْقَى عَشِيَّةً
بِأَرْجَائِهِ القُصْوَى أَنَابِيشُ عُنْصُلِ

81 Les fauves gisant là, noyés, faisaient penser, le soir,
    Aux confins de son territoire, à des oignons sauvages
      déracinés.

LA *MU'ALLAQA*
DE T'ARAFA IBN AL-'ABD

لِخَوْلَةَ أَطْلالٌ بِبُرْقَةِ ثَهْمَدِ
تَلُوحُ كَبَاقِي الْوَشْمِ في ظَاهِرِ الْيَدِ

وُقُوفاً بِهَا صَحْبِي عَلَيَّ مَطِيَّهُمْ
يَقُولُونَ لا تَهْلِكْ أَسَىً وَتَجَلَّدِ

كَأَنَّ حُدُوجَ المَالِكِيَّةِ غُدْوَةً
خَلايَا سَفِينٍ بِالنَّوَاصِفِ مِنْ دَدِ

عَدَوْلِيَّةٌ أَوْ مِنْ سَفِينِ ابْنِ يَامِنٍ
يَجُورُ بِهَا الْمَلاحُ طَوْراً وَيَهْتَدِي

يَشُقُّ حَبَابَ الْمَاءِ حَيْزُ ومُها بِهَا
كما قَسَمَ التُّرْبَ الْمُفَايِلُ بِالْيَدِ

100

1 Du campement de Khawla les vestiges dans le désert de
   pierre de Thahmad
   Affleurent comme le reste d'un tatouage sur le dos de
   la main.

2 C'est là que mes compagnons, arrêtant sur moi leurs
   montures,
   Me dirent: «Ne te laisse pas mourir! Contre mauvaise
   fortune fais bon cœur!»

3 De grand matin, les palanquins de la Malékite
   ressemblaient,
   Sur les pistes de Dad, à des vaisseaux se suivant à la file,

4 Vaisseaux des 'Adawl[1] ou bateaux d'Ibn Yâmin[2]
   Que le marin, les déviant parfois de leur route, conduit
   à bon port,

5 Et qui, de leurs proues, fendent les vagues de la mer,
   Comme la main du joueur, au *fiyâl*[3], divise en deux
   le tas de terre.

---

1. Nom d'une tribu du Bahrayn.
2. Nom d'un membre de la tribu de la bien-aimée.
3. À propos de ce jeu, voir notre Présentation, *supra*, p. 32.

وفي الَحيِّ أَحْوَى يَنْفُضُ المِرْدَشادِنْ
مُظاهِرُ سِمْطَيْ لُؤْلُؤٍ وَزَبَرْجَدِ

خَذُولٌ تُراعِي رَبْرَباً بِخَمِيلَةٍ
تَناوَلُ أَطْرافَ البَرِيرِ وَتَرْتَدِي

وَتَبْسِمُ عَنْ أَلْمَى كَأَنَّ مُنَوَّراً
تَخَلَّلَ حُرَّ الرَّمْلِ دِعْصٍ لَهُ نَدِ

سَقَتْهُ إِياةُ الشَّمْسِ إِلّا لِثاتِه
أُسِفَّ وَلَمْ تَكْدِمْ عَلَيْهِ بِإِثْمِدِ

وَوَجْهٍ كَأَنَّ الشَّمْسَ أَلْقَتْ رِداءَها
عَلَيْهِ نَقِيُّ اللَّوْنِ لَمْ يَتَخَدَّدِ

وَإِنِّي لَأُمْضِي الهَمَّ عِنْدَ احْتِضارِهِ
بِعَوْجاءَ مِرْقالٍ تَرُوحُ وَتَغْتَدِي

6 Dans le clan, une jeune gazelle secoue le myrte pour
   faire tomber les baies,
   Tendant un cou paré de deux colliers dont un de perles
   et l'autre de topazes.

7 En arrière de la troupe, elle paît avec une harde dans un
   fourré,
   Saisit les branches chargées de baies et s'en revêt,

8 Écarte ses lèvres brunes en un sourire qui a l'éclat d'une
   fleur,
   Perçant du fond d'une dune le sable humide de rosée,

9 Et qu'un rayon de soleil a abreuvé, préservant
   les gencives,
   Ointes d'un baume d'antimoine qu'elle n'a point touché
   des dents[1].

10 On dirait que le soleil de son manteau a couvert son
   visage,
   Tant la couleur en est pure et la peau sans flétrissure.

11 Moi, quand il survient, je fais passer le chagrin
   Sur une chamelle qui, ondulant sur la piste, trotte sans
   relâche soir et matin.

---

1. Pour faire ressortir le blanc de leurs dents, les femmes noircissaient
leurs lèvres ainsi que leurs gencives avec un baume d'antimoine.

أَمُونٍ كَأَلْوَاحِ الإِرانِ نَصَأَتُها
عَلى لاحِبٍ كَأَنَّهُ ظَهْرُ بُرْجُدِ

جَمَالِيَّةٍ وَجْنَاءَ تَرْدِي كَأَنَّها
سَفَنَّجَةٌ تَبْرِي لِأَزْعَرَ أَرْبَدِ

تُبارِي عِتاقاً ناجِياتٍ وَأَتْبَعَت
وَظِيفاً وَظِيفاً فَوْقَ مَوْرٍ مُعَبَّدِ

تَرَبَّعَتِ الْقُفَّيْنِ فِي الشَّوْلِ تَرْتَعِي
حَدائِقَ مَوْلِيَّ الأَسِرَّةِ أَغْيَدِ

تَرِيعُ إِلَى صَوْتِ الْمُهِيبِ وَتَتَّقِي
بِذِي خُصَلٍ رَوْعاتِ أَكْلَفَ مُلْبِدِ

كَأَنَّ جَنَاحَيْ مَضْرَحِيٍّ تَكَنَّفا
حِفافَيْهِ شُكّا فِي الْعَسِيبِ بِمَسْرَدِ

12 Sûre comme les planches du cercueil, elle ne bronche point. Je la stimule
Sur la robe rayée du large chemin.

13 Robuste comme un mâle, les chairs drues, ses enjambées font penser
À l'autruche se pavanant pour un mâle cendré, aux plumes clairsemées.

14 Elle défie à la course les plus racées, celles qui, à peine parties, sont déjà hors de vue, et fait suivre
Sa jambe à sa jambe sur une piste que bien des pas ont tracée.

15 Avec d'autres, pleines, elle a passé le printemps sur les deux collines à brouter
Les tendres jardins d'une vallée secrète que, par deux fois, la pluie avait arrosée.

16 Elle revient à l'appel et se garde
D'une queue aux crins mêlés des assauts d'un fauve étalon aux poils encrassés.

17 On dirait alors les ailes déployées d'un aigle blanc,
Fichées à l'aide d'une alène dans l'os de sa queue.

فَطَوْراً بِهِ خَلْفَ الزَّميلِ وَتَارَةً
على حَشَفٍ كَالشَّنِّ ذاوٍ مُجَدَّدِ

لها فَخِذانِ أُكْمِلَ النَّحْضُ فيهما
كَأَنَّهُمَا بابا مُنيفٍ مُمَرَّدِ

وَطَيُّ مَحالٍ كَالحَنِيِّ خُلُوفُهُ
وَأَجْرِنَةٌ لُزَّتْ بِدَأْيٍ مُنَضَّدِ

كَأَنَّ كِناسَيْ ضالَةٍ يُكْنِفانِها
وَأَطَرَ قِسِيٍّ تَحْتَ صُلْبٍ مُؤَيَّدِ

لها مِرْفَقانِ أَفْتَلانِ كَأَنَّها
تَمُرُّ بِسَلْمَيْ دالِجٍ مُتَشَدِّدِ

كَقَنْطَرَةِ الرُّوميِّ أَقْسَمَ رَبُّها
لَتُكْتَنَفَنْ حتى تُشادَ بِقَرْمَدِ

18 Tantôt elle en bat sa croupe derrière mon compagnon, tantôt
   Ses pis, vieilles outres, flétris, taris[1].

19 Ses cuisses, masse de chair compacte, sont parfaites au point
   Qu'on dirait le porche d'un château lisse et haut.

20 L'agencement des vertèbres du dos fait que ses côtes forment comme des arceaux,
   Celles, empilées, du cou assurent la parfaite jointure entre le poitrail et l'encolure.

21 Ses aisselles ressemblent à deux gîtes au creux d'un arbre ombreux,
   Ses côtes à la courbe des arcs sous une arête consolidée.

22 Ses coudes écartés font penser
   Au solide gaillard qui porte deux seaux du puits à l'abreuvoir,

23 À une arche romaine dont le bâtisseur a juré
   Que, pour l'exhausser avec des briques, certes, on la clôturerait.

---

1. Ce détail indique que la chamelle est pleine.

صُهابِيّةُ الْعُثْنُونِ مُوجَدةُ الْقَرَا

بعيدةُ وَخْدِ الرّجْلِ مَوّارَةُ اليَدِ

أُمِرّتْ يَداها فَتْلَ شَزْرٍ وأُجْنِحَتْ

لها عَضُداها في سَقيفٍ مُسَنَّدِ

جُنوحٌ دِفاقٌ عَنْدَلٌ ثمَّ أُفْرِعَتْ

لها كَتِفاها في مُعالًى مُصَعَّدِ

كأنَّ عُلوبَ النّسْعِ في دَأَياتِها

مَوارِدُ من خَلْقاءَ في ظهرِ قَرْدَدِ

تَلاقى وَأَحْياناً تَبينُ كأَنَّها

بَنائِقُ غُرٌّ في قَميصٍ مُقَدَّدِ

وَأَتْلَعُ نَهّاضٌ إذا صَعَّدَتْ به

كسُكّانِ بُوصِيٍّ بِدَجْلَةَ مُصْعِدِ

108

24   Elle a la barbe rousse, mêlée de blanc, le dos résistant,
La foulée de l'autruche derrière, le balancement du
navire devant,

25   Les avant-bras tordus et retordus comme des cordes,
Les bras incurvés et formant une arcade aux solides
montants,

26   Le trot rapide et fluide qui oblique, la tête grosse et
puis
Les épaules remontées très haut vers le dos.

27   Les traces des sangles sur ses flancs font penser
Aux ruisselets qui, au milieu d'un sol égal et dur,
sourdent d'une roche lisse.

28   Elles se rapprochent et, ici et là, se séparent
Tels rapiéçages blancs sur une chemise raccommodée.

29   Son long cou, souvent levé, ressemble, une fois dressé,
Au gouvernail d'un chaland qui descend ou remonte le
Tigre,

وَجُمْجُمَةٌ مِثْلُ الْعَلاةِ كَأَنَّمَا
وَعَى الْمُلْتَقَى مِنْهَا إِلَى حَرْفِ مِبْرَدِ

وَخَدٌّ كَقِرْطَاسِ الشَّآمِي ومِشْفَرٌ
كَسِبْتِ الْيَمَانِي قَدُّهُ لَمْ يُجَرَّدِ

وَعَيْنَانِ كَالْمَاوِيَتَيْنِ اسْتَكَنَّتَا
بِكَهْفَيْ حَجَاجَيْ صَخْرَةٍ قَلْتِ مَوْرِدِ

طَحُورَانِ عُوَّارَ الْقَذَى فَتَرَاهُمَا
كَمِكْحَوْلَيْ مَذْعُورَةٍ أُمِّ فَرْقَدِ

وَصَادِقَتَا سَمْعِ التَّوَجُّسِ لِلسُّرَى
لِهَجْسٍ خَفِيٍّ أَوْ لِصَوْتٍ مُنَدَّدِ

مُؤَلَّلَتَانِ تَعْرِفُ الْعِتْقَ فِيهِمَا
كَسَامِعَتَيْ شَاةٍ بِحَوْمَلَ مُفْرَدِ

30 Son crâne à une enclume dont les côtés, dirait-on,
   Enserrent, à leur point de jonction, le bord dentelé
      d'une lime,

31 Sa joue à du parchemin de Syrie, ses babines
   À des lames en cuir yéménite découpées au cordeau,

32 Ses yeux à deux miroirs blottis
   Dans deux cavités, orbites au pourtour rocheux, gouffres,
      point d'eau.

33 Ils rejettent tout fétu et c'est pourquoi tu les vois
   Pareils à ceux, comme fardés, d'une gazelle, mère d'un
      faon, effarouchée.

34 Ses oreilles entendent juste et si, la nuit, elle les dresse,
      c'est parce qu'elle perçoit
   Des bruits étouffés ou des éclats de voix.

35 Elle les a pointues – signe d'antique race –
   Comme celles du mâle solitaire de l'oryx de H'awmal.

وَأَرْوَعُ نَبَّاضٌ أَحَدُّ مُلَمْلَمٌ

كَمِرْداةِ صَخْرٍ في صَفيحٍ مُصَمَّدِ

وَأَعْلَمُ مَخْروتٌ من الْأَنفِ مارِنٌ

عَتيقٌ مَتى تَرْجُمْ بهِ الْأَرْضَ تَزْددِ

وَإِنْ شِئتُ لمْ تُرْقِلْ وَإِنْ شِئتُ أَرْقَلَتْ

مَخَافَةَ مَلْوِيٍّ مِنَ الْقَدِّ مُحْصَدِ

وَإِنْ شِئتُ سَامَى واسطَ الكورِ رَأْسُهَا

وَعامَتْ بضَبْعَيها نَجاءَ الخَفَيْدَدِ

على مِثْلِهَا أَمْضي إِذَا قالَ صاحِبي:

أَلا لَيْتَنِي أَفْديكَ منها وَأَفْتَدي

وَجاشَتْ إِلَيْهِ النَّفْسُ خَوفاً وَخالَه

مُصَاباً وَلَوْ أَمْسَى على غيرِ مَرْصَدِ

36 Son cœur sensible, battant vite et fort, mais se
    contenant,
  Ressemble à la hie du paveur cognant contre de dures
    dalles.

37 La lèvre supérieure fendue, le tendre bout du nez
    percé,
  À en toucher le sol, la noble bête allonge le pas.

38 Si je veux, elle ralentit, si je veux, elle force l'allure
  Par crainte d'un bâton crochu, tressé serré, en cuir.

39 Si je veux, elle lève la tête à hauteur du pommeau
  Et, nageant de ses avant-bras[1], rapide comme l'autruche,
    elle court.

40 Sur une chamelle comme celle-là je passais, quand mon
    ami me dit:
  «Si seulement je pouvais te sauver et moi-même en
    réchapper!»

41 Le cœur tremblant de peur, il se croyait déjà mort
  Sans même avoir vu une embuscade, le soir venu!

_____

   1. «Avant-bras» (ou «bras») est le terme usuel pour désigner les
pattes avant d'une chamelle.

إِذَا الْقَوْمُ قالوا مَنْ فَتَى خِلْتُ أَنَّني
عُنيتُ فلَمْ أَكْسَلْ وَلَمْ أَتَبَلَّدِ

أَحَلْتُ عَلَيْهَا بالقَطيعِ فأجْذَمَتْ
وَقَدْ خَبَّ آلُ الْأَمْعَزِ الْمُتَوَقَّدُ

فَذالتْ كما ذالتْ وَليدَةُ مَجْلِسٍ
تُري رَبَّهَا أَذيالَ سَحْلٍ مُمَدَّدِ

وَلَسْتُ بِحَلَّالِ التِّلاعِ مَخافَةً
وَلكِنْ متى يَسْتَرْفِدِ الْقَوْمُ أَرْفِدِ

فَإِنْ تَبْغِني في حَلْقَةِ القَوْمِ تَلْقَني
وَإِنْ تَلْتَمِسْني في الْحَوَانيتِ تَصْطَدِ

وَإِنْ يَلْتَقِ الْحَيُّ الْجَميعُ تُلاقِني
إِلى ذِرْوَةِ البَيْتِ الشَّريفِ الْمُصَمَّدِ

42 La tribu dit-elle : « Qui donc est le brave ? », c'est de moi, je pense,
Qu'il s'agit ; alors pas de paresse ni d'inertie,

43 Mais à coups de fouet je tombe sur elle qui s'élance
– Tandis qu'un mirage ondoie sur la pierraille en feu –

44 Et se pavane comme, lors d'une intime veillée, une esclave
Qui exhibe pour son maître la traîne de sa blanche robe à queue.

45 Je ne suis pas de ceux qui, par peur, dressent leurs camps dans les ravins,
Mais quand la tribu appelle au secours, je lui prête secours.

46 Tu désires me voir au cercle de la tribu, tu m'y rencontres,
Tu me pistes dans les tavernes, tu m'y prends.

47 Si tout le clan se réunit, tu me trouves
Au faîte de la plus noble, la plus illustre maison.

نَدَامَايَ بِيضٌ كَالنُّجُومِ وَقَيْنَةٌ

تَرُوحُ عَلَيْنَا بَيْنَ بُرْدٍ وَمَجْسَدِ

رَحِيبٌ قِطَابُ الجَيْبِ مِنْهَا رَقِيقَةٌ

بِجَسِّ النَّدَامَى بَضَّةُ المُتَجَرِّدِ

إِذَا نَحْنُ قُلْنَا أَسْمِعِينَا انْبَرَتْ لَنَا

عَلَى رِسْلِها مَطْرُوقَةً لَمْ تَشَدَّدِ

إِذَا رَجَعَتْ فِي صَوْتِهَا خِلْتَ صَوْتَهَا

تَجَاوُبَ أَظْآرٍ عَلَى رُبَعٍ رَدِ

وَمَا زَالَ تَشْرَابِي الخُمُورَ وَلَذَّتِي

وَبَيْعِي وَإِنْفَاقِي طَرِيفِي وَمُتْلَدِي

إِلَى أَنْ تَحَامَتْنِي العَشِيرَةُ كُلُّهَا

وَأُفْرِدْتُ إِفْرَادَ البَعِيرِ المُعَبَّدِ

116

48 Hommes libres et sans tache, brillants comme les étoiles,
      voilà mes commensaux. Une chanteuse
   Vient nous voir, le soir, esclave vêtue d'une robe safran,
      d'une autre à rayures

49 À l'ample et hospitalière échancrure ; douce est sa peau
   Au toucher des commensaux, molle rondeur sa nudité.

50 Quand nous lui disons : « Fais-nous entendre ta voix ! »,
      son chant pour nous se déploie
   Doucement, lentement en une languide complainte

51 Et, dans les modulations de sa voix, tu crois entendre
      alors,
   Se répondant en écho, les gémissements de chamelles
      pleurant un chamelon mort au printemps.

52 Toujours, je suis à boire du vin, à prendre mon plaisir,
   À vendre et à dissiper l'acquis et l'héritage,

53 Tant et si bien que toute la tribu a fini par m'éviter,
   Et qu'on m'a isolé comme un chameau galeux.

رَأَيتُ بَني غَبْراءَ لا يُنْكِرُونَني
وَلا أَهْلُ هذاكَ الطِّرافِ المُمَدَّدِ

أَلا أَيُّهَذَا اللَّائِمي أَشهَد الوَغَى
وَأَن أَهَلَ اللَّذَّاتِ هلْ أَنتَ مُخلِدي

فَإِنْ كنتَ لا تَستَطيعُ دَفعَ مَنِيَّتي
فَدَعْني أُبادِرْهَا بِمَا مَلَكَتْ يَدي

ولَوْلا ثَلاثٌ هُنَّ مِن عيشَةِ الفَتَى
وَجدِّكَ لم أَحفِلْ مَتَى قامَ عُوَّدي

فَمِنْهُنَّ سَبْقي العاذِلاتِ بِشَرْبَةٍ
كُمَيْتٍ متى ما تُعْلَ بِالماءِ تُزْبِدِ

وَكَرِّي إِذَا نادَى المُضافُ مُحَنَّباً
كَسِيدِ الغَضا نَبَّهتَهُ المُتَوَرِّدِ

118

54 Pourtant, j'ai vu les pauvres hères, enfants de la poussière, ne pas me renier,
Pas plus que les seigneurs de cette vaste tente en cuir.

55 Toi qui me blâmes d'être toujours au cœur de la mêlée,
D'assouvir mes passions, est-ce toi qui m'assureras l'éternité ?

56 Et si tu ne peux faire que je ne meure point,
Laisse-moi donc brusquer ma mort, en dissipant mes biens !

57 N'étaient trois choses dans la vie du brave,
Par ton sort ! Je ne me soucierais point des visiteurs de ma dernière heure !

58 Ces trois choses, les voici : devancer les censeurs en avalant une lampée
D'un vin rouge-brun qui, mélangé à l'eau, mousse aussitôt,

59 Tourner bride, sur un cheval aux tarses incurvés, à l'appel d'un infortuné,
À la vitesse du loup des tamaris auquel, alors qu'il s'apprêtait à boire, on a donné l'éveil,

وَتقصيرُ يَوْم الدَّجْنِ والدجنُ مُعجبٌ
بِبَهْكَنَةٍ تَحْتَ الخِباءِ المُعَمَّدِ

كَأَنَّ الْبُرِينَ وَالدَّمالِيجَ عُلِّقَتْ
على عُشَرٍ أو خِروَعٍ لم يُخَضَّدِ

كَرِيمٌ يروِّي نَفْسَهُ في حَياتِه
سَتَعْلَمُ إِن مُتْنا غَداً أيَّنَا الصَّدي

أَرَى قَبْرَ نَحّام بَخِيلٍ بِمَالِـهِ
كقَبْرِ غوِيٍّ في البطالةِ مُفْسِدِ

تَرَى جُثْوَتَيْنِ من تُرَابٍ عَلَيْهِمَا
صَفَائِحُ صُمٌّ من صَفِيحٍ مُنَضَّدِ

أرى الْمَوْتَ يَعْتَامُ الكِرَامَ ويَصْطفي
عَقِيلةَ مَالِ الْفَاحِشِ المُتَشَدِّدِ

50 Écourter un jour nuageux – nuages ô combien
   plaisants ! –
   Dans une tente au mât dressé avec une grasse beauté,

51 Portant à ses bras et chevilles des bracelets qu'on dirait
   comme suspendus
   À la tige d'une plante charnue ou à une branche si
   souple qu'on ne saurait la casser.

52 Le généreux, tant qu'il est en vie, s'abreuve lui-même
   jusqu'à plus soif
   Et, tu sauras, si nous mourons demain, lequel de nous
   deux meurt sur sa soif.

53 Je vois la tombe du pleure-misère avare de ses biens
   Pareille à celle du fol oisif qui dissipe les siens.

54 Regarde ! Là ! Deux tas de terre et posées dessus
   Des dalles sourdes, pierres plates entassées !

55 Je vois la mort choisir les nobles généreux, élire
   Le bien le plus précieux du sordide ladre qui ne veut
   rien lâcher.

أَرَى الْعَيْشَ كَنْزاً نَاقِصاً كُلَّ لَيْلَةٍ
وَمَا تَنْقُصِ الأَيَّامُ وَالدَّهْرُ يَنْفَدِ

لَعَمْرُكَ إِنَّ الْمَوْتَ مَا أَخْطَأَ الْفَتَى
لَكَالطَّوَلِ الْمُرْخَى وَثِنْيَاهُ بِالْيَدِ

فَمَالِي أَرَانِي وَابْنَ عَمِّيَ مَالِكاً
مَتَى أَدْنُ مِنْهُ يَنْأَ عَنِّي وَيَبْعُدِ

يَلُومُ وَمَا أَدْرِي عَلاَمَ يَلُومُنِي
كَمَا لاَمَنِي فِي الْحَيِّ قُرْطُ بْنُ مَعْبَدِ

وَأَيْأَسَنِي مِنْ كُلِّ خَيْرٍ طَلَبْتُهُ
نَشَدْتُ فَلَمْ أُغْفِلْ حَمُولَةَ مَعْبَدِ

عَلَى غَيْرِ شَيْءٍ قُلْتُهُ غَيْرَ أَنَّنِي
نَشَدْتُ فَلَمْ أُغْفِلْ حَمُولَةَ مَعْبَدِ

Je vois la vie comme un trésor qui diminue chaque soir,
Le temps s'épuiser avec la diminution des jours.

Par ta tête! La mort feint de laisser au brave la bride sur
le cou
Alors qu'elle est comme la longe ballante dont une main
tient l'autre bout.

Qu'ai-je donc fait pour voir Mâlik, mon cousin,
Quand je m'approche de lui, me fuir et s'en aller au loin?

Sans que je sache pourquoi, il me blâme
– Comme Qurt' Ibn Ma'bad qui m'a blâmé dans le
clan –

Pourquoi il me fait désespérer de tout bien que je
réclame?
C'est à un mort dans sa niche qu'on croirait s'adresser[1]!

Tout cela sans rien que j'aie dit et en dépit du fait
Que je cherche sans répit et sans me laisser distraire les
chamelles de bât perdues de Ma'bad, mon frère!

---

1. T'arafa, raconte-t-on, aurait laissé s'échapper les bêtes de son
frère Ma'bad qu'il était chargé de garder. Pour les retrouver, il se serait
adressé à son cousin Mâlik qui, au lieu de l'aider, l'aurait blâmé pour
sa négligence.

وَقَرَّبْتُ بِالقُرْبَى وَجِدِّكَ إِنَّنِي
مَتَى يَكُ أَمْرٌ لِلنّكِيثَةِ أَشْهَدِ

وَإِنْ أُدْعَ لِلْجُلَّى أَكُنْ مِنْ حُمَاتِها
وَإِنْ يَأْتِكَ الأَعْدَاءُ بِالجَهْدِ أَجْهَدِ

وَإِنْ يَقذِفُوا بِالقَذْعِ عِرْضَكَ أَسْقِهِمْ
بِكَأْسِ حِيَاضِ المَوتِ قَبْلَ التهَدُّدِ

بِلَا حَدَثٍ أَحْدَثْتُهُ وَكَمُحْدَثٍ
هِجَائِي وَقَذْفِي بِالشَّكَاةِ وَمُطْرَدِي

فَلَوْ كَانَ مَوْلَايَ امْرَءًا هُوَ غَيْرُهُ
لَفَرَّجَ كَرْبِي أَوْ لأَنْظَرَنِي غَدِي

وَلكِنَّ مَوْلَايَ آمْرُءٌ هُوَ خَانِقِي
عَلى الشُّكْرِ وَالتَّسْآلِ أَوْ أَنَا مُفْتَدِ

124

2 Je suis venu te voir en proche parent et, par ton sort!
Quand une entreprise exige de suprêmes efforts, je suis
présent!

3 Si l'on m'appelle à un grand dessein, je suis de ses
soutiens,
Si c'est en force que l'ennemi t'attaque, c'est en force
que je riposte,

4 S'il te couvre d'insultes et outrage ton honneur, je
l'abreuve
Aux bassins de la mort, avant même d'en proférer la
menace!

5 Et sans avoir commis de crime et comme un criminel,
On me calomnie, on se plaint de moi, on me chasse!

6 Si le seigneur, mon cousin, était un homme différent,
Il me délivrerait de mes peines et me donnerait du
temps,

7 Mais le seigneur mon cousin est un homme qui
m'étouffe,
Que je le remercie, le prie ou me sacrifie pour lui!

وظُلْمُ ذوي الْقُرْبَى أَشَدُّ مَضَاضَةً
عَلَى الْمَرْءِ من وَقْعِ الْحُسَامِ الْمُهَنَّدِ

فَذَرْني وَخُلْقي، إنَّني لَكَ شَاكِرٌ
وَلَوْ حَلَّ بَيْتي نائِياً عند ضَرْغَدِ

فَلَوْ شَاءَ رَبّي كُنتُ قَيسَ بن خَالدٍ
وَلَوْ شَاءَ رَبي كُنْتُ عَمرو بن مَرْثَدِ

فَأَصْبَحْتُ ذَا مَالٍ كَثيرٍ وَزَارَني
بَنونَ كِرامٌ سادَةٌ لِمُسَوَّدِ

أَنا الرَّجُلُ الضَّرْبُ الَّذي تَعْرِفُونَهُ
خَشاشٌ كَرَأْسِ الْحَيَّةِ الْمُتَوَقِّدِ

فَآلَيْتُ لا يَنْفَكُّ كَشْحي بطانةً
لِعَضْبٍ رَقيقِ الشَّفْرَتَين مُهَنَّدِ

L'injustice des proches vous inflige blessure bien plus
cuisante
Que le coup d'une épée à la lame tranchante!

Laisse-moi donc suivre ma nature et je t'en saurai gré,
Dussé-je partir au loin, à D'arghad, pour y dresser ma
tente!

Si Dieu le voulait, je serais Qays Ibn Khâlid!
Si Dieu le voulait, je serais 'Amr Ibn Marthad[1]!

Comme eux, je serais riche en troupeaux et me rendrait
visite
Ma progéniture, nobles et généreux seigneurs, fils d'un
seigneur!

Mais je suis cet homme alerte et mince que vous
connaissez,
Vif comme la tête allumée du serpent.

Et je le jure, mon flanc restera toujours la doublure
D'une épée aux fins fils acérés,

---

1. Il s'agit de deux *sayyid*, célèbres pour leur richesse, pour le nombre
de leurs enfants, la noblesse de leur ascendance et leurs hauts faits.

حُسَامٌ إِذَا ما قُمتُ مُنتَصِراً به
كَفى الْعَوْدَ منه الْبَدءُ ليسَ بمِعْضَدِ

أَخي ثِقَةٍ لا يَنْثَني عَن ضَريبةٍ
إذَا قِيلَ مَهْلاً قال حاجِزُهُ قَدِي

إِذَا ابتدَرَ الْقَوْمُ السِّلاَحَ وَجدْتَني
مَنيعاً إذَا بَلَّتْ بقَائِمِه يَدِي

وبَرْكِ هُجُودٍ قَد أَثارتْ مَخَافَتي
بَوَادِيَهَا، أَمشِي بِعَضْبٍ مُجَرَّدِ

فمرّتْ كَهاةٌ ذَاتُ خَيْفٍ جُلالَةٌ
عَقيلَةُ شَيْخٍ كَالوَبِيل يَلَنْدَدِ

يَقُولُ وقَدْ تَرَّ الْوَظيفُ وَسَاقُهَا:
أَلَستَ تَرى أَن قَد أَتَيْتَ بِمُؤْيِدِ

128

حُسَامٌ إِذَا مَا قُمْتُ مُنْتَصِراً بِهِ
كَفَى الْعَوْدَ مِنْهُ الْبَدْءُ لَيْسَ بِمِعْضَدِ

أَخِي ثِقَةٍ لَا يَنْثَنِي عَنْ ضَرِيبَةٍ
إِذَا قِيلَ مَهْلاً قَالَ حَاجِزُهُ قَدِي

إِذَا ابْتَدَرَ الْقَوْمُ السِّلَاحَ وَجَدْتَنِي
مَنِيعاً إِذَا بَلَّتْ بِقَائِمِهِ يَدِي

وَبَرْكِ هُجُودٍ قَدْ أَثَارَتْ مَخَافَتِي
بَوَادِيَهَا، أَمْشِي بِعَضْبٍ مُجَرَّدِ

فَمَرَّتْ كَهَاةٌ ذَاتُ خَيْفٍ جُلَالَةٌ
عَقِيلَةُ شَيْخٍ كَالوَبِيلِ يَلَنْدَدِ

يَقُولُ وَقَدْ تَرَّ الْوَظِيفُ وَسَاقُهَا:
أَلَسْتَ تَرَى أَنْ قَدْ أَتَيْتَ بِمُؤْيِدِ

L'injustice des proches vous inflige blessure bien plus
   cuisante
Que le coup d'une épée à la lame tranchante !

Laisse-moi donc suivre ma nature et je t'en saurai gré,
Dussé-je partir au loin, à D'arghad, pour y dresser ma
   tente !

Si Dieu le voulait, je serais Qays Ibn Khâlid !
Si Dieu le voulait, je serais 'Amr Ibn Marthad[1] !

Comme eux, je serais riche en troupeaux et me rendrait
   visite
Ma progéniture, nobles et généreux seigneurs, fils d'un
   seigneur !

Mais je suis cet homme alerte et mince que vous
   connaissez,
Vif comme la tête allumée du serpent.

Et je le jure, mon flanc restera toujours la doublure
D'une épée aux fins fils acérés,

---

1. Il s'agit de deux *sayyid*, célèbres pour leur richesse, pour le nombre
de leurs enfants, la noblesse de leur ascendance et leurs hauts faits.

4 D'un fer qui transperce du premier coup, quand,
   vengeur, je le lève,
   Et qui, n'étant pas une serpette, dispense d'en porter
   un second.

5 Il est mon frère en qui j'ai foi et qui jamais ne manque
   son coup.
   Crie-t-on: «Attends!», «Trop tard!» répond son fil
   tranchant.

6 Quand la tribu court aux armes, je suis
   Invulnérable, dès lors que ma main le brandit!

7 Je me souviens d'un troupeau qui baraquait et dormait;
   se levèrent en sursaut, par moi effrayés,
   Les premiers chameaux, alors que j'allais par là, l'épée
   dégainée.

8 Passa une énorme chamelle, bien grasse et aux pis
   desséchés[1],
   Bien le plus précieux d'un vieillard querelleur, sec
   comme un coup de trique,

9 Qui me dit, alors que pliaient le jarret, puis la jambe:
   «Ne vois-tu donc pas que, pour avoir agi ainsi, il t'en
   cuira?»

---

1. Signes que la chamelle est pleine.

وقَالَ، ألا ماذَا تَرَوْنَ بِشَارِبٍ
شَدِيدٍ عَلَيْنا بَغْيُهُ مُتَعَمِّدِ

وقَالَ: ذَرُوهُ إِنَّما نَفْعُها لَهُ
وإِلّا تكُفُّوا قَاصِيَ الْبَرْكِ يَزْدَدِ

فَظَلَّ الْإِماءُ يَمْتَلِلْنَ حُوارَها
وَيُسْعَى عَلَيْنا بالسَّدِيفِ الْمُسَرْهَدِ

فإِنْ مُتُّ فانْعِينِي بِما أَنَا أَهْلُهُ
وَشُقِّي عَلَيَّ الجَيْبَ يَا أَبْنَةَ مَعْبَدِ

وَلا تَجْعَلِينِي كامْرِيءٍ لَيْسَ هَمُّهُ
كَهَمِّي وَلا يُغْنِي غَنائِي ومَشْهَدِي

بَطِيءٍ عَنِ الْجُلَّى سَرِيعٍ إِلى الخَنَا
ذَلُولٍ بأَجْماعِ الرِّجالِ مُلَهَّدِ

0 Il enchaîna : «Vous autres, que pensez-vous d'un
   buveur,
   D'un impudent qui volontairement nous a fait si grand
   tort ? »

1 Et de se raviser: «Laissez-le! Qu'il jouisse de cette bête
   seulement
   Et écartez celles qui baraquent plus loin, sinon il se
   montrera plus gourmand encore!»

2 Les servantes passaient la journée à braiser le chamelon
   dont elle était grosse
   Et à prestement nous servir l'onctueux gras de bosse.

3 Si je meurs, annonce ma mort d'une manière qui soit
   digne de moi
   Et sur ma dépouille, fille de Ma'bad, déchire le devant
   de ta robe.

4 Ne me ravale pas au rang d'un homme dont les desseins
   ne sont pas
   Les miens, qui n'a ni ma valeur, ni ma présence,

5 Qui est lent aux grandes choses, prompt à la vilenie,
   Qui prête docilement le flanc aux poings d'autrui.

فَلَوْ كُنْتُ وَغْلاً في الرِّجالِ لَضَرَّني
عَدَاوَةُ ذي الْأَصْحابِ وَالْمُتَوَحِّد

ولكنْ نَفَى عني الرِّجالَ جَراءَتي
عَلَيْهِمْ وَإِقْدامي وَصِدْقي وَمَحْتَد

لَعَمْرُكَ ما أَمْري عَلَيَّ بِغُمَّةٍ
نَهاري وَلا لَيْلي عَلَيَّ بِسَرْمَد

ويَومَ حَبَسْتُ النَّفْسَ عندَ عِراكِهِ
حِفاظاً عَلى عَوْراتِهِ والتَّهَدُّد

على مَوْطِنٍ يَخْشى الْفْتى عندَهُ الرَّدَى
مَتى تَعْتَرِكْ فيهِ الْفَرائصُ تُرْعَد

وَأَصْفَرَ مَضْبُوحٍ نَظَرْتُ حِوارَهُ
على النارِ واسْتَوْدَعْتُهُ كَفَّ مُجْمِد

132

6 Si j'inspirais aux hommes du mépris, il serait, certes, fâcheux pour moi
D'être en butte à l'hostilité de qui dispose d'alliés comme de qui n'en a pas,

7 Mais les hommes se tiennent à distance, craignant mon courage,
Mon audace, ma franchise, mon lignage !

8 Par ta vie ! Nulle affaire ne m'inquiète assez pour assombrir
Ma journée et transformer ma nuit en éternité !

9 Que de batailles où j'ai fait preuve de sang-froid,
Colmatant les brèches, parant aux menaces,

10 En des lieux où le brave craint pour sa vie,
Où, plongé dans la mêlée, la peur vous saisit aux épaules !

11 Que de flèches en bois jaune noircies dont j'ai attendu la réponse
Près du feu et que j'avais confiée à une paume malchanceuse !

سَتُبْدِي لَكَ الأَيَّامُ ما كُنْتَ جاهلاً
وَيَأْتِيكَ بِالأَخْبارِ مَنْ لَمْ تُزَوِّدِ

وَيَأْتِيكَ بِالأَخْبارِ مَنْ لَمْ تَبِعْ لَهُ
بَتاتاً وَلَمْ تَضْرِبْ لَهُ وَقْتَ مَوْعِدِ

02 Les jours te dévoileront ce que tu ignores,
T'apportera le savoir celui à qui tu n'as pas fourni de
provisions de voyage,

03 T'apportera le savoir celui à qui tu n'as offert
Ni manteau ni bagage, celui à qui tu n'as pas fixé rendez-
vous.

LA *MU'ALLAQA*
DE ZUHAYR IBN ABÎ SULMÂ

أَمِنْ أُمِّ أَوْفَى دِمْنَةٌ لَمْ تَكَلَّمِ

بِحَوْمَانَة الدَّرَّاجِ فَالْمُتَثَلَّمِ

وَدَارٌ لها بالرَّقمتَيْنِ كأَنَّها

مَرَاجِيعُ وَشْمٍ في نَوَاشِرِ مِعْصَمِ

بهَا الْعَيْنُ والأَرْآمُ يَمْشِينَ خِلْفَةً

وَأَطْلاَؤُهَا يَنْهَضْنَ مِنْ كُلِّ مَجْثَمِ

وَقَفْتُ بهَا من بعْد عِشْرِينَ حِجَّةً

فَلأْياً عَرَفْتُ الدَّارَ بَعْدَ تَوَهُّمِ

أَثَافِيَّ سُفْعًا في مُعَرَّسٍ مِرْجَلٍ

وَنُؤْياً كَجِذْمِ الْحَوْضِ لم يَتَثَلَّمِ

فَلَمَّا عَرَفْتُ الدَّارَ قُلْتُ لِرَبْعِها

أَلا أنْعِمْ صَبَاحاً أَيُّها الرَّبْعُ واسْلَمِ

138

1 D'Umm Awfâ est-ce une trace noircie, brouillée
À H'awmâna al-Darradj, à Mutathallim?

2 Pourtant à chacun des deux Raqma[1] elle a une demeure
qui ressemble
Aux résurgences d'un tatouage sur les nerfs d'un
poignet.

3 Oryx aux grands yeux et gazelles blanches se succèdent
ici
Et de chaque gîte surgissent leurs petits.

4 Vingt ans déjà! Je m'y suis arrêté
Et à grand-peine j'ai reconnu les lieux après avoir
deviné,

5 Ici, des pierres noircies à l'emplacement du chaudron,
Là, une rigole de protection aux bords intacts comme le
fond du bassin.

6 Alors, après avoir reconnu la demeure, je lui dis:
«Campement de printemps, bonjour et salut!»

---

1. Il s'agit de deux terrains rocailleux dont l'un se trouvait près de
Bas'ra (actuel Irak) et l'autre près de Médine. Chacun des lieux cités
dans ces vers a servi ou sert encore, au moment où le poète s'exprime,
de campement à la tribu de la bien-aimée.

تَبَصَّرْ خَلِيلِي هَلْ تَرَى مِن ظَعائِنٍ
تَحَمَّلْنَ بِالعَلْيَاءِ مِن فَوْقِ جُرْثُمِ

جَعَلْنَ القَنانَ عَنْ يَمِينٍ وَحَزْنَهُ
وَكَمْ بِالقَنانِ مِن مُحِلٍّ وَمُحْرِمِ

عَلَوْنَ بِأَنماطٍ عَتاقٍ وَكِلَّةٍ
وِرادٍ حَواشِيها مُشاكِهَةِ الدَّمِ

وَوَرَّكْنَ فِي السُّوبانِ يَعْلُونَ مَتْنَهُ
عَلَيْهِنَّ دَلُّ النَّاعِمِ المُتَنَعِّمِ

بَكَرْنَ بُكُوراً وَاسْتَحَزْنَ بِسُحْرَةٍ
فَهُنَّ وَوادِي الرَّسِّ كَاليَدِ لِلْفَمِ

وَفِيهِنَّ مَلْهًى لِلَّطِيفِ وَمَنْظَرٌ
أَنِيقٌ لِعَيْنِ النَّاظِرِ المُتَوَسِّمِ

7 Ami! regarde bien, vois-tu des femmes dans des palanquins
   Là-haut, au-dessus de Djurhum, elles se sont fait porter,

8 Laissant à droite le mont Qanân et son terrain pierreux,
   Le mont Qanân où, tant de fois, elles ont passé les mois profanes et sacrés[1]!

9 Elles ont passé dessus leurs palanquins de beaux feutres anciens et un rideau léger
   Et roux aux franges couleur de sang.

10 En croupe, elles montent la côte du Sûbân
   Avec cette coquetterie du raffiné qui jouit d'une vie aisée.

11 Elles partent de bon matin, au point du jour,
   Pour la vallée du Rass comme à la bouche va la main,

12 Divertissement pour le galant et régal
   Pour les yeux d'un observateur qui sait lire dans leur jeu!

_____

1. Voir notre Présentation, *supra*, p. 29.

كَأَنَّ فَتَاتَ الْعِهْنِ في كُلِّ مَنْزِلٍ
نَزَلْنَ بِهِ حَبُّ الْفَنَا لَمْ يُحَطَّمِ

فَلَمَّا وَرَدْنَ الْمَاءَ زُرْقاً جِمَامُهُ
وَضَعْنَ عِصِيَّ الْحَاضِرِ الْمُتَخَيِّمِ

ظَهَرْنَ مِنَ السُّوبانِ ثُمَّ جَزَعْنَهُ
على كُلِّ قَيْنٍ قَشِيبٍ وَمُفْأَمِ

فَأَقْسَمْتُ بِالبَيْتِ الّذي طافَ حَوْلَهُ
رِجالٌ بَنَوْهُ مِن قُرَيْشٍ وَجُرْهُمِ

يَمِيناً لَنِعْمَ السَّيِّدانِ وُجِدْتُمَا
على كُلِّ حالٍ مِن سَحِيلٍ وَمُبْرَمِ

تَدَارَكْتُمَا عَبْساً وَذُبْيَانَ بَعْدَمَا
تَفَانَوْا وَدَقُّوا بَيْنَهُمْ عِطْرَ مَنْشَمِ

13 Leurs flocons de laine teintée font penser partout
    Où elles descendent aux baies de morelles qu'on n'a pas
       écrasées.

14 Arrivées à l'eau, claire, abondante
    Elles posent le bâton du nomade qui s'apprête à dresser
       sa tente.

15 Je les vois sortir du Sûbân et le retraverser
    Sur des bâts de litière élargis et tout neufs.

16 Je le jure par l'édifice sacré dont font le tour
    Qurayshites et Djurhumites, ses bâtisseurs[1],

17 Oui, je le jure! Louables seigneurs que vous deux qui
       êtes présents
    En toutes circonstances, broutilles ou sac de nœuds!

18 Les 'Abs et les Dhubyân, vous les avez raccommodés,
    Eux qui s'entretuaient et broyaient entre eux l'herbe du
       malheur!

----

1. Le passage qui suit fait référence à une guerre de quarante ans
qui opposa la tribu des 'Abs à celle des Dhubyân, et à laquelle deux
membres de la tribu des Dhubyân mirent fin en acceptant, alors qu'ils
n'étaient pas impliqués dans ce conflit, de payer le prix du sang pour
tous ceux qui avaient été tués par les leurs.

وقَدْ قُلْتُما: إِنْ نُدْرِكِ السِّلْمَ واسعاً
بِمالٍ ومَعْروفٍ من القَوْلِ نَسْلَمِ.

فَأَصْبَحْتُما منها على خيرِ مَوْطِنٍ
بَعيدَيْنِ فيها مِنْ عُقُوقٍ ومَأْثِمِ

عَظيمَيْنِ في عُلْيا مَعَدٍّ هُديتُما
ومَنْ يَسْتَبِحْ كنزاً من المَجدِ يَعْظُمِ

تُعَفَّى الكُلُومُ بالمِئينَ فأَصْبَحَتْ
يُنَجِّمُهَا مَنْ لَيْسَ فيهَا بمُجْرِمِ

يُنَجِّمُهَا قَوْمٌ لِقَوْمٍ غَرامَةً
وَلمْ يُهَريقُوا بَينَهُمْ مِلْءَ مِحْجَمِ

فأَصْبَحَ يَجري فيهم من تِلادِكُمْ
مَغانِمُ شَتَّى مِنْ إِفالٍ مُزَنَّمِ

144

19 Vous dites alors : «Que nous parvenions à une large paix
   Par des dédommagements en biens et les propos d'usage, et nous voilà sauvés!»

20 Dès lors, pour la conclure, vous fûtes dans la meilleure position,
   Loin des forfaitures, loin des affronts,

21 Au faîte des Ma'add, vous êtes deux grands – que Dieu vous guide!
   Est certes grand quiconque s'empare d'un trésor de gloire!

22 Des chameaux par centaines effacent les blessures et désormais
   S'en acquittent ceux qui n'ont commis aucun méfait,

23 S'en acquitte un peuple envers un autre en guise de dédommagements,
   Quand bien même ne remplirait pas une ventouse le sang versé par lui!

24 De vos troupeaux légués de père en fils afflue chez eux
   L'aubaine des chamelons de race aux oreilles marquées.

أَلَا أَبْلِغ الأَحْلَافَ عَنِّي رِسَالَةً
وَذُبْيَانَ هَل أَقْسَمْتُم كُلَّ مُقْسَمِ

فَلَا تَكْتُمُنَّ اللهَ مَا فِي نُفُوسِكُم
لِيَخْفَى وَمَهْمَا يُكْتَمِ اللهُ يَعْلَمِ

يُؤَخَّرْ فَيُوضَعْ فِي كِتَابٍ فَيُدَّخَرْ
لِيَوْمِ الحِسَابِ أَوْ يُعَجَّلْ فَيُنْقَمِ

وَمَا الحَرْبُ إِلَّا مَا عَلِمْتُم وَذُقْتُمُ
وَمَا هُوَ عَنْهَا بِالحَدِيثِ المُرَجَّمِ

مَتَى تَبْعَثُوهَا تَبْعَثُوهَا ذَمِيمَةً
وَتَضْرَ إِذَا ضَرَّيْتُمُوهَا فَتَضْرَمِ

فَتَعْرُكُكُم عَرْكَ الرَّحَى بِثِقَالِهَا
وَتَلْقَحْ كِشَافاً ثُمَّ تُنْتِجْ فَتُتْئِمِ

25 De ma part transmets un message aux alliés
Et aux Dhubyân : « De faire la paix avez-vous sincèrement
juré ?

26 Ne celez pas à Dieu ce qu'il y a dans vos cœurs
Pour en garder le secret, car quoi que vous celiez, Dieu
le connaît.

27 Ce sera décompte remis à plus tard, consigné dans un
livre et conservé
Jusqu'au jour dernier ou vengeance promptement
exercée ! »

28 Ce que c'est que la guerre vous le savez pour l'avoir
goûté
Et ce ne sont pas conjectures que de dire :

29 On la ressuscite, elle ressuscite damnable,
On l'excite, elle se déchaîne et s'embrase,

30 Vous broie comme la meule entre pierre et cuir.
Est-elle pleine et la fait-on saillir, elle met bas des
bessons

فَتُنْتِجْ لَكُمْ غِلْمانَ أَشْأَمَ كُلُّهُمْ
كَأَحْمَرِ عادٍ ثُمَّ تُرْضِعْ فَتَفْطِمِ

فَتُغْلِلْ لَكُمْ مَا لا تُغِلُّ لِأَهْلِهَا
قُرًى بِالعَراقِ مِن قَفِيزٍ وَدِرْهَمِ

لَعَمْرِي لَنِعْمَ الحَيِّ جَرَّ عليهِمُ
بِمالا يُواتِيهِمْ حُصَيْنُ بنُ ضَمْضَمِ

وكانَ طَوَى كَشْحاً على مُسْتَكِنَّةٍ
فَلا هُوَ أَبْداها ولَمْ يَتَقَدَّمِ

148

1 Et vous donne des garçons, tous funestes
À l'instar du rouge bâtard des 'Âd[1], les allaite, puis les
sèvre

2 Et vous rapporte de ces moissons comme n'en rapportent
pas à leurs paysans,
En boisseaux et en pièces d'argent, les villages de l'Irak!

3 Par ma vie! Louable tribu que la leur qui, contre son
gré,
Se trouva mêlée au crime de H'usayn Ibn D'amd'am[2]!

4 Il avait dissimulé dans son sein une haine secrète,
Sans rien en laisser paraître ni s'avancer,

---

1. Référence erronée à une légende qui se rapporte non au peuple
des 'Âd, mais à celui des Thamûd. Pour convaincre les Thamûd de se
convertir à la religion monothéiste qu'il défendait, le prophète S'âlih' avait
fait naître une chamelle d'un rocher. Les Thamûd ayant renoncé à se
convertir, S'âlih' leur imposa un régime spécial : les hommes et leurs bêtes
boiraient un jour sur deux, de même que la chamelle née du rocher. Or la
chamelle de S'âlih' faisait fuir le bétail des Thamûd, profitant ainsi à elle
seule des pâturages les plus riches : le bétail des Thamûd fondait à vue
d'œil. Certains Thamûd décidèrent alors d'en finir avec la chamelle de
S'âlih' : une coterie se constitua avec, à sa tête, deux femmes qui finirent
par convaincre huit hommes de s'attaquer à la chamelle, parmi lesquels
un certain Qudâr b. Sâlif b. Djanda', né d'un adultère et surnommé «le
rouge». C'est ce dernier qui égorgea la chamelle. Pour plus de détails,
voir, entre autres, H. Toelle, *Le Coran revisité. Le feu, l'eau, l'air et la terre,*
Damas, Institut français d'études arabes de Damas, 1999, p. 171-178.
2. Voir notre Présentation, *supra*, p. 30.

وقَالَ سَأقْضِي حاجتي ثُمَّ أتَّقي
عَدُوِّي بألْفٍ مِنْ وَرَائيَ مُلجَمِ

فَشَدَّ فَلَمْ يُفزِعْ بُيُوتاً كثيرةً
لَدَى حَيْثُ ألْقَتْ رَحْلَها أُمُّ قَشْعَمِ

لَدَى أَسَدٍ شاكي السِّلاحِ مُقَذَّفٍ
لَهُ لِبَدٌ أَظْفَارُهُ لَمْ تُقَلَّمِ

جَريءٍ مَتى يُظْلَمْ يُعَاقِبْ بظُلْمِه
سَريعاً وَإلا يُبْدَ بالظلمِ يَظْلِمِ

رَعَوْا ظِمأهُم حتّى إذا تَمَّ أوْرَدُوا
غِماراً تَفرَّى بالسِّلاحِ وبالدَّمِ

فَقَضَّوْا مَنايا بَيْنَهُم ثمَّ أَصْدَروا
إِلى كَلإٍ مُسْتَوْبِلٍ مُتَوَخِّمِ

35 Il se dit : «Je ferai ce que j'ai à faire, puis me protégerai
   De l'ennemi avec, derrière moi, cent chevaux prêts à
      attaquer !»

36 Il fonça alors sans effrayer beaucoup de tentes
   Là où Mère Carnage avait pris ses quartiers,

37 Chez un lion armé jusqu'aux dents, trapu et vaillant[1],
   À la crinière touffue, aux griffes acérées,

38 Un intrépide ! Lui fait-on outrage, il prend sa revanche
   Sans tarder ; ne lui en fait-on pas, il vous outrage le
      premier !

39 Leurs bêtes une fois abreuvées, ils les firent paître un
      temps avant de les abreuver à nouveau
   À des flots crachant armes et sang !

40 Et après avoir semé la mort dans leurs rangs, ils les
      ramenèrent
   Pour leur faire paître un herbage malsain et délétère[2] !

---

1. Il s'agit sans doute de 'Antara, qui avait tué D'amd'am, le père
de H'usayn (voir notre Présentation, *supra*, p. 30).
2. Métaphore pour la reprise des combats.

لَعَمْرُكَ ما جَرَّتْ عَلَيْهِمْ رِمَاحُهُمْ
دَمَ ابْنِ نَهِيكٍ أَوْ قَتِيلِ المُثَلَّمِ

وَلا شَارَكَتْ في المَوْتِ في دَمِ نَوْفَلٍ
وَلا وَهَبٍ مِنْها وَلا ابْنِ المُخَزَّمِ

فَكُلّاً أَرَاهُمْ أَصْبَحُوا يَعْقِلُونَهُ
صَحِيحاتِ مالٍ طالِعاتٍ بِمَخْرِمِ

لِحَيٍّ حَلالٍ يَعْصِمُ النّاسَ أَمْرُهُمْ
إِذا طَرَقَتْ إِحْدى اللَّيالي بِمُعْظَمِ

كِرامٍ فَلا ذُو الضِّغْنِ يُدْرِكُ تَبْلَهُ
وَلا الجَارِمُ الجاني عَلَيْهِم بِمُسْلَمِ

سَئِمْتُ تَكاليفَ الحَياةِ وَمَنْ يَعِشْ
ثَمانينَ حَوْلاً لا أَبا لَكِ يَسْأَمِ

41 Par ta vie! Ce ne sont pas leurs lances à eux qui ont
trempé
Dans le sang d'Ibn Nahîk, dans le meurtre d'al-
Muthallam,

42 Elles n'ont pris aucune part à la mort, au sang ni de
Nawfal
Ni de Wahb, ni d'Ibn Mukhazzam[1]!

43 Or, pour chacun d'eux je les vois maintenant payer le
prix du sang:
Vigoureuses chamelles remontant le défilé!

44 Pour un clan bien établi dont le prestige protège autrui,
Quand une nuit un grave danger menace.

45 Hommes généreux avec qui nul ne saurait assouvir sa
vengeance
Et par qui le coupable, les eût-il mêlé à un crime, n'est
pas livré!

46 Je suis las des fardeaux de la vie, car quiconque a vécu
Quatre-vingts ans – malheureux qui n'as plus de père! –
se sent bien las.

---

1. Tous ces hommes appartenaient à la tribu des 'Abs et avaient été
tués pendant la guerre par des combattants de la tribu des Dhubyân.

وَأَعْلَمُ مَا فِي الْيَوْمِ وَالأَمْسِ قَبْلَهُ
وَلَكِنَّنِي عن عِلْمٍ مَا فِي غَدٍ عَمِ

رَأَيْتُ الْمَنَايَا خَبْطَ عَشْوَاءَ مَن تُصِبْ
تُمِتْهُ وَمَنْ تُخْطِئْ يُعَمَّرْ فَيَهْرَمِ

وَمَنْ لم يُصانِعْ فِي أُمُورٍ كَثِيرَةٍ
يُضَرَّسْ بِأَنْيَابٍ وَيُوطَأْ بِمَنْسِمِ

وَمَنْ يَجْعلِ الْمَعْرُوفَ مِن دُونِ عِرْضِهِ
يَفِرْهُ وَمَنْ لا يَتَّقِ الشَّتْمَ يُشْتَمِ

وَمَنْ يَكُ ذا فَضْلٍ فَيَبْخَلْ بِفَضْلِهِ
على قَوْمِهِ يُسْتَغْنَ عنْهُ وَيُذْمَمِ

وَمَنْ يُوفِ لا يُذْمَمْ وَمن يُهدَ قلْبُهُ
إلى مُطْمَئِنِّ الْبِرِّ لا يَتَجَمْجَمِ

154

47 Je sais de quoi est fait aujourd'hui, de quoi est fait hier
Avant lui, mais je ne sais ni ne vois de quoi sera fait
demain.

48 J'ai vu la mort frapper en aveugle ; qui elle touche
Périt, qui elle manque, survit, vieillit et décrépit.

49 Qui dans mainte affaire répugne à complaire
Se fait déchirer à belles dents et fouler aux pieds.

50 Qui protège son honneur en faisant le bien,
Parfait son honneur. Qui ne prend garde à l'injure, la
subit.

51 Qui de son mérite est avare
Envers son peuple, on se passe de lui et le blâme.

52 Qui est homme de parole n'encourt nul reproche ; qui
se laisse guider
Par une sereine bonté, n'aura pas à louvoyer.

155

وَمَنْ هَابَ أَسْبَابَ الْمَنَايَا يَنَلْنَهُ
وَإِنْ يَرْقَ أَسْبَابَ السَّمَاءِ بِسُلَّمِ

وَمَنْ يَجْعَلِ الْمَعْرُوفَ في غَيْرِ أَهْلِهِ
يَكُنْ حَمْدُهُ ذَمّاً عَلَيْهِ وَيَنْدَمِ

وَمَن يَعْصِ أَطْرَافَ الزُّجاجِ فَإِنَّهُ
يُطيعُ الْعَوالِي رُكِّبَتْ كلَّ لَهْذَمِ

وَمَنْ لَمْ يَذُدْ عَنْ حَوْضِهِ بِسلاحِهِ
يُهَدَّمْ وَمَنْ لا يَظْلِمِ النَّاسَ يُظْلَمِ

وَمَنْ يَغْتَرِبْ يَحْسِبْ عَدُوّاً صَدِيقَهُ
وَمَنْ لَمْ يُكَرِّمْ نَفْسَهُ لَم يكَرَّمِ

وَمَهْمَا تَكُنْ عِنْدَ امْرِئٍ مِنْ خَلِيقَةٍ
وَإِنْ خَالَها تَخْفَى على النَّاسِ تُعْلَمِ

156

53 Qui a peur de mourir, la mort le rattrape
    Dût-il, en s'aidant d'une échelle, gravir les marches du
        ciel.

54 Qui, à des personnes qui en sont indignes, dispense le
        bien
    Verra son éloge se retourner en blâme et le regrettera.

55 Qui se rebelle contre le revers de la lance
    Obéira à son fer monté sur sa hampe.

56 Qui par les armes ne défend pas son puits
    Se verra détruit. Qui s'abstient d'outrager autrui subira
        l'outrage.

57 Qui s'en va vivre à l'étranger prend l'ennemi pour ami.
    Qui ne jouit pas de sa propre estime ne jouira pas de
        celle d'autrui.

58 La nature d'un homme, quelle qu'elle soit,
    Est connue de tous, dût-il s'imaginer pouvoir la cacher.

وَكائِنْ تَرَى من صامت لَكَ مُعْجِبٍ
زِيَادَتُهُ أَوْ نَقْصُهُ فِي التَّكَلُّمِ

لِسانُ الفَتَى نِصْفٌ وَنِصْفٌ فُؤَادُهُ
فَلَمْ يَبْقَ إِلا صُورَةُ اللَّحْمِ والدَّمِ

وَإِنَّ سَفَاهَ الشَّيْخِ لا حِلْمَ بَعْدَهُ
وَإِنَّ الْفَتَى بَعْدَ السَّفَاهَةِ يَحْلُمِ

سَأَلْنا فَأَعْطَيْتُمْ وَعُدْنا فَعُدْتُمْ
وَمَنْ أَكْثَرَ التَّسْآلَ يَوماً سَيُحْرَمِ

59 Que d'hommes qui te plaisent, tant qu'ils se taisent
   Et qui, quand ils parlent, perdent ou gagnent en
      valeur !

60 Le brave est pour moitié langue, pour moitié cœur
   Quant au reste, ce n'est qu'apparence de sang et de
      chair !

61 Le vieillard qui déraisonne ne se fera pas sage, il est trop
      tard,
   Le jeune homme qui déraisonne s'assagira.

62 Nous demandons, vous donnez, nous redemandons,
      vous donnez,
   Mais qui trop souvent demande sera un jour privé.

LA *MU'ALLAQA* DE LABÎD IBN RABÎ'A

عَفَتِ الدِّيَارُ مَحَلُّهَا فَمُقَامُهَا
بِمِنىً تَأَبَّدَ غَوْلُهَا فَرِجَامُهَا

فَمَدَافِعُ الرَّيَّانِ عُرِّيَ رَسْمُهَا
خَلَقاً كما ضَمِنَ الوُحِيَّ سِلَامُهَا

دِمَنٌ تَجَرَّمَ بَعْدَ عَهْدِ أَنِيسِها
حِجَجٌ خَلَوْنَ حَلَالُها وَحَرَامُها

رُزِقَتْ مَرَابِيعَ النُّجُومِ وَصَابَها
وَدْقُ الرَّوَاعِدِ جَوْدُهَا فَرِهَامُهَا

مِنْ كُلِّ سَارِيَةٍ وغَادٍ مُدْجِنٍ
وَعَشِيَّةٍ مُتَجَاوِبٍ إِرْزَامُهَا

فَعَلا فُرُوعُ الأَيْهُقَانِ وَأَطْفَلَتْ
بالجَلْهَتَيْنِ ظِباؤُها وَنَعَامُها

162

1 Effacés les campements d'étape et de séjour
  À Minâ! Le Ghawl et le Ridjâm redevenus sauvages!

2 Les vestiges des ravines du Rayyân sont dénudés,
  Érodés comme inscriptions recelées par les pierres.

3 Depuis que l'homme ne hante plus les lieux, ce ne sont
    plus que restes sur lesquels ont passé
  De longues années, mois profanes et mois sacrés.

4 Arrosés, quand les astres annoncent le printemps,
    touchés
  Par les pluies d'orage, leurs trombes d'eau, leur crachin

5 Tombant des nuées nocturnes, des sombres nuages
    matinaux,
  Des nues vespérales dont les grondements se répondent
    en écho.

6 Les tiges des roquettes sauvages y sont hautes; s'y
    reproduisent
  Sur les deux rives, gazelles ainsi qu'autruches.

وَالْعِينُ ساكِنَةٌ على أَطْلائِها
عُوذاً تَأَجَّلُ بالفَضاءِ بِهامُها

وَجَلا السَّيولُ عَنِ الطُّلولِ كَأَنَّها
زُبُرٌ تُجِدُّ مُتُونَها أَقْلامُها

أَوْ رَجْعُ واشِمَةٍ أُسِفَّ نَؤُورُها
كِفَفاً تَعَرَّضَ فَوْقَهُنَّ وِشامُها

فَوَقَفْتُ أَسْأَلُها، وَكيفَ سُؤالُنا
صُمّاً خَوالِدَ ما يَبينُ كَلامُها

عَرِيَتْ وكانَ بِها الجَميعُ فَأَبْكَرُوا
مِنْها وَغُودِرَ نُؤْيُها وَثُمامُها

شاقَتْكَ ظُعْنُ الحَيِّ حينَ تَحَمَّلُوا
فَتَكَنَّسُوا قُطُناً تَصِرُّ خِيامُها

164

7   Les oryx aux grands yeux s'y tiennent immobiles au-
dessus de leurs petits,
Âgés d'un jour, leurs faons s'attroupent dans la plaine.

8   Le ruissellement des eaux a mis a nu les vestiges, si bien
qu'on dirait
Écritures auxquelles des calames auraient redonné
corps

9   Ou la reprise d'une tatoueuse qui, étalant son noir de
graisse,
Fait en sorte qu'au-dessus des cercles ainsi formés son
tatouage réapparaisse.

10   Je m'y suis arrêté pour les questionner, mais comment
questionner
Des roches sourdes, pérennité au langage brouillé?

11   Espaces dénudés où ils étaient tous réunis, mais d'où de
trop bonne heure ils sont partis!
Abandonnées les rigoles de protection, la paille de mil à
boucher les fentes des tentes!

12   Les femmes du clan ont éveillé chez toi un vif désir, dès
lors qu'on a levé le camp
Et qu'elles se sont tapies dans leurs litières, gîtes de
coton, tentes qui grincent,

مِنْ كُلِّ مَحْفُوفٍ يُظِلُّ عِصِيَّهُ
زَوْجٌ عَلَيْهِ كِلَّةٌ وَقِرَامُها

زُجَلاً كَأَنَّ نِعَاجَ تُوضِحَ فَوْقَها
وَظِبَاءَ وَجْرَةَ عُطَّفاً أَرْآمُها

حُفِزَتْ وَزَايَلَها السَّرَابُ كَأَنَّها
أَجْزَاعُ بِيشَةَ أَثْلُها وَرِضَامُها

بَلْ مَا تَذَكَّرُ مِنْ نَوَارٍ وَقَدْ نَأَتْ
وَتَقَطَّعَتْ أَسْبَابُها وَرِمَامُها

مُرِّيَّةٌ حَلَّتْ بِفَيْدَ وَجَاوَرَتْ
أَهْلَ الْحِجَازِ فَأَيْنَ مِنْكَ مَرَامُها

بِمَشَارِقِ الْجَبَلَيْنِ أَوْ بِمُحَجَّرٍ
فَتَضَمَّنَتْها فَرْدَةٌ فَرُخَامُها

13 Enveloppes à structure de bois qu'ombrage
   Un feutre à deux pans où sont jetés un rideau léger et un
      voile qui retombe sur les flancs.

14 On y aurait cru juchés en troupe les oryx de Toud'ih'
   Et les blanches gazelles de Wadjra penchées sur leurs
      petits.

15 Elles se sont mises en branle, et le mirage les a fait
      fondre, puis se confondre
   Avec les méandres de la Bîcha[1], ses rochers et ses
      tamaris!

16 Mais quels sont au juste tes souvenirs de Nawâr, alors
      qu'elle est si loin
   Et qu'ont été défaits les nœuds, brisés les liens?

17 Jeune femme de la tribu des Murra, son campement est
      tantôt à Fayd, tantôt voisin
   Des H'idjâziens. Qu'il est donc loin l'objet de ton désir,
      et où le désirer?

18 Aux orients des deux montagnes? À Muh'adjdjar?
   À Farda qui l'abrite? Au Rukhâm qui en est proche?

---

1. Nom d'une vallée.

فَصُوَائِقُ إِنْ أَيْمَنَتْ فَمَظَنَّةٌ

فِيها وَحَافُ الْقَهْرِ أَوْ طِلْخَامُها

فَاقْطَعْ لُبانَةَ مَنْ تَعَرَّضَ وَصْلُهُ

وَلخَيْرُ واصِلِ خُلَّةٍ صَرَّامُها

وَاحْبُ الْمُجامِلَ بِالجَزِيلِ وَصَرْمُهُ

باقٍ إِذَا ظَلَعَتْ وَزَاغَ قِوامُها

بِطَلِيحِ أَسْفارٍ تَرَكْنَ بَقِيَّةً

مِنْها فَأَحْنَقَ صُلْبُها وَسَنامُها

وَإِذَا تَغَالَى لَحْمُها وَتَحَسَّرَتْ

وَتَقَطَّعَتْ بَعْدَ الكَلالِ خِدامُها

فَلَها هِبابٌ فِي الزِّمَامِ كَأَنَّها

صَهْباءُ خَفَّ مَعَ الْجَنُوبِ جِهامُها

19 À Suwâ'iq, si c'est auYémen qu'elle est allée? Il est alors
à supposer
Qu'elle est là-bas sur les fertiles terrains d'al-Qahr ou
de Tilkhâm.

20 Cesse donc d'avoir souci d'une femme à laquelle le
hasard t'avait uni,
Le meilleur des amants n'est-il pas celui qui rompt avec
l'aimée?

21 Et, sans rien attendre en retour, comble de tes faveurs
celle qui cherche à te complaire et, pour ce qui est de
rompre,
Si elle louvoie et s'écarte du chemin, tu le pourras
toujours

22 Sur une chamelle rompue de fatigue dont les voyages
n'ont laissé qu'un vestige,
À l'échine décharnée, à la bosse fondue,

23 Mais qui, les os dépouillés de chair, fourbue
Et, après tant d'efforts, les soles à nu,

24 N'en trotte pas moins à vive allure sous les rênes, telle
Une nuée rousse qui, délestée de son eau, file avec le
vent du sud.

أَوْ مُلْمِعٌ وَسَقَتْ لِأَحْقَبَ لَاحَهُ
طَرْدُ الْفُحُولِ وَضَرْبُهَا وَكِدَامُهَا

يَعْلُو بِهَا حَدَبَ الإِكَامِ مُسَحَّجٌ
قَدْ رَابَهُ عِصْيَانُهَا وَوِحَامُهَا

بِأَجِزَّةِ الثَّلَبُوتِ يَرْبَأُ فَوْقَهَا
قَفْرَ الْمَرَاقِبِ خَوْفُهَا آرَامُهَا

حَتَّى إِذَا سَلَخَا جُمَادَى سِتَّةً
جَزَآ فَطَالَ صِيَامُهُ وَصِيَامُهَا

رَجَعَا بِأَمْرِهِمَا إِلَى ذِي مِرَّةٍ
حَصِدٍ وَنُجْحُ صَرِيمَةٍ إِبْرَامُهَا

وَرَمَى دَوَابِرَهَا السَّفَا وَتَهَيَّجَتْ
رِيحُ الْمَصَايِفِ سَوْمُهَا وَسِهَامُهَا

₅ Ou telle une ânesse sauvage, pleine des œuvres d'un
mâle au ventre barré de blanc et plus guère fringant
À force d'avoir rué, d'avoir mordu pour chasser ses
concurrents.

₆ Tout écorché, il lui fait gravir les collines
moutonnantes,
Mais se méfie, car tantôt elle a envie, tantôt elle se refuse
à lui !

₇ Sur les hauteurs de Thalabût, au-dessus d'elle, il se tient
en sentinelle
Et fouille du regard les affûts déserts, repères qui font
peur à sa femelle.

₈ Les six mois d'hiver une fois passés,
Ils se contentent d'herbe fraîche jusqu'à ce que, leur
jeûne ayant assez duré,

₉ Ils s'en remettent, pour leur sort, à une décision ferme,
Inébranlable, car de toute décision fermeté est gage de
succès :

₁₀ Les épines ont planté leurs dards dans les sabots de
l'ânesse, et s'est levé
Le vent d'été avec ses bourrasques intermittentes, sa
chaleur étouffante.

فَتَنَازَعَا سَبِطاً يَطِيرُ ظِلَالُهُ
كَدُخَانِ مُشْعِلَةٍ يُشَبُّ ضِرَامُهَا

مَشْمُولَةٍ غُلِثَتْ بِنَابِتِ عَرْفَجٍ
كَدُخَانِ نَارٍ سَاطِعٍ أَسْنَامُهَا

فَمَضَى وَقَدَّمَهَا وَكَانَتْ عَادَةً
مِنْهُ إِذَا هِيَ عَرَّدَتْ إِقْدَامُهَا

فَتَوَسَّطَا عُرْضَ السَّرِيِّ وَصَدَّعَا
مَسْجُورَةً مُتَجَاوِراً قُلَّامُهَا

مَحْفُوفَةً وَسَطَ الْيَرَاعِ يُظِلُّهَا
مِنْهُ مُصَرَّعُ غَابَةٍ وَقِيَامُهَا

أَفَتِلْكَ أَمْ وَحْشِيَّةٌ مَسْبُوعَةٌ
خَذَلَتْ وَهَادِيَةُ الصِّوَارِ قِوَامُهَا

1 Alors, brûlant d'impatience, ils s'élancent et se disputent
   une longue traîne de poussière dont les ombres planent
   dans l'air
   Comme la fumée d'un feu de broussailles, d'un
   embrasement de brindilles

2 Et de jeunes ronces entremêlées, attisées par le vent du
   nord,
   Comme une colonne de fumée dont les cimes s'étalent
   peu à peu.

3 L'onagre va, obligeant sa femelle de passer devant, car
   son habitude,
   Quand elle s'attarde, est de la faire le précéder.

4 Ils se retrouvent au milieu d'un ruisseau et traversent
   Un étang où la salicorne pousse drue,

5 Blotti dans les roseaux qui l'ombragent
   De la forêt de leurs tiges, les unes couchées, les autres
   dressées.

6 Ma chamelle est-elle cette ânesse ou une gazelle dont les
   fauves ont dévoré le faon?
   Restée en arrière, elle avait baissé la garde, alors que la
   bête-guide assure la survie de la harde!

خَنْسَاءُ ضَيَّعَتِ الْفَرِيرَ فَلَمْ تَرِمْ
عُرْضَ الشَّقَائِقِ طَوْفُهَا وَبُغَامُهَا

لِمُعَفَّرٍ قَهْدٍ تَنَازَعَ شِلْوَهُ
غُبْسٌ كَوَاسِبُ لَا يُمَنَّ طَعَامُهَا

صَادَفْنَ مِنْهَا غِرَّةً فَأَصَبْنَهَا
إِنَّ الْمَنَايَا لَا تَطِيشُ سِهَامُهَا

بَاتَتْ وَأَسْبَلَ وَاكِفٌ مِنْ دِيمَةٍ
يُرْوِي الْخَمَائِلَ دَائِماً تَسْجَامُهَا

يَعْلُو طَرِيقَةَ مَتْنِهَا مُتَوَاتِرٌ
فِي لَيْلَةٍ كَفَرَ النُّجُومَ غَمَامُهَا

تَجْتَافُ أَصْلاً قَالِصاً مُتَنَبِّذاً
بِعُجُوبِ أَنْقَاءَ يَمِيلُ هُيَامُهَا

Camuse qui a perdu son petit et qui, sans fin ni cesse,
Erre au milieu des broussailles et gémit

Après un petit tout blanc qui gît dans la poussière et
dont s'arrachent les morceaux
Des prédateurs couleur de cendre que personne ne
nourrit.

Ils l'ont prise au dépourvu – c'est le hasard qui l'a
voulu – et ont fait mouche,
Car les flèches du destin ne manquent jamais leur but.

À longueur de nuit, la pluie s'égoutte sans trêve,
Abreuve sans relâche le fourré,

Remonte en cadence son échine
Par une nuit aux étoiles voilées par les nuées.

Elle se tapit dans la racine d'un arbrisseau tout rabougri
qui pousse solitaire
Au pied de dunes dont les sables boulants glissent le
long du penchant.

وَتُضِيءُ فِي وَجْهِ الظَّلَامِ مُنِيرَةً
كَجُمَانَةِ الْبَحْرِيِّ سُلَّ نِظَامُهَا

حَتَّى إِذَا انْحَسَرَ الظَّلَامُ وَأَسْفَرَتْ
بَكَرَتْ تَزِلُّ عَنِ الثَّرَى أَزْلَامُهَا

عَلِهَتْ تَرَدَّدُ فِي نِهَاءِ صُعَائِدَ
سَبْعاً تُؤَاماً كَامِلاً أَيَّامُهَا

حتى إِذَا يَئِسَتْ وَأَسْحَقَ حَالِقٌ
لم يُبْلِهِ إِرْضَاعُهَا وَفِطَامُهَا

فَتَوَجَّسَتْ رِزَّ الأَنِيسِ فَرَاعَهَا
عَنْ ظَهْرِ غَيْبٍ وَالأَنِيسُ سَقَامُهَا

فَغَدَتْ كِلَا الْفَرْجَيْنِ تَحْسِبُ أَنَّهُ
مَوْلَى الْمَخَافَةِ خَلْفُهَا وَأَمَامُهَا

Narguant les ténèbres, elle éclaire et luit
Comme la perle marine qu'on a détachée de son fil.

Puis, quand les ténèbres ont retiré leurs voiles et que
    l'aube point,
Elle s'ébroue de bon matin, ses pieds glissant sur la terre
    mouillée.

Éperdue, elle erre à Su'â'id au milieu des étangs
Sept journées et nuits jumelées, soit sept jours entiers,

Jusqu'à ce que, ayant perdu tout espoir et le pis fripé
Que ni allaitement, ni sevrage n'ont usé,

Elle perçoive une faible clameur humaine qui la saisit
    d'effroi,
Bien que cachée et lointaine, car de la gazelle l'homme
    est la plaie.

Elle détale à toutes jambes si bien que tu crois
Que la peur s'est rendue maître de ses quatre pattes à
    la fois !

حَتّى إِذا يَئِسَ الرُّمَاةُ وَأَرْسَلُوا
غُضْفاً دَوَاجِنَ قَافِلاً أَعْصَامُها

فَلَحِقْنَ وَاعْتَكَرَتْ لَها مَدْرِيَّةٌ
كالسَّمْهَرِيَّةِ حَدُّها وَتَمامُها

لَتَذُودَهُنَّ وَأَيْقَنَتْ إِنْ لَمْ تُذُدْ
أَنْ قَدْ أَحَمَّ مِنَ الحُتُوفِ حِمامُها

فَتَقَصَّدَتْ مِنْها كَسابٍ فَضُرِّجَتْ
بِدَمٍ وَغُودِرَ في المَكَرِّ سُخامُها

فَبِتِلْكَ إِذْ رَقَصَ اللَّوامِعُ بِالضُّحى
وَاجْتابَ أَرْدِيَةَ السَّرابِ إِكامُها

أَقْضي اللُّبانَةَ لا أُفَرِّطُ رِيبَةً
أَوْ أَنْ يَلُومَ بِحاجَةٍ لَوّامُها

178

9 Puis, après avoir perdu tout espoir, les tireurs lâchent sur elle
   Des chiens aux oreilles tombantes, tout étriqués et bien dressés !

10 Ils la rattrapent et elle fait front avec une corne
   Dure, acérée et parfaite à l'instar d'une lance fabriquée par Samhar [1]

11 Pour les repousser, étant certaine que, si elle n'y parvient pas,
   C'est sa mort à elle qui, entre toutes, est prochaine !

12 Aussi transperce-t-elle Kasâb qui tombe
   Ensanglanté, et laisse là même où elle fait front Sukhâm, son compagnon.

13 Sur une chamelle comme elle, quand le soleil est déjà haut, quand dansent les lueurs,
   Quand les cimes du mirage trouent le manteau,

14 Je mets fin à mon souci [2], sans me laisser distraire, ni par mes doutes,
   Ni par le reproche qu'un censeur trop prompt à blâmer pourrait me faire.

---

1. Célèbre fabricant de lances du Bahrayn.
2. Voir *supra*, v. 20 : « Cesse donc d'avoir souci d'une femme ».

أَوَ لَمْ تَكُنْ تَدْرِي نَوَارُ بِأَنَّنِي
وَصَّالُ عَقْدِ حَبَائِلٍ جَذَّامُها

تَرَّاكُ أَمْكِنَةٍ إِذَا لَمْ أَرْضَها
أَوْ يَعْتَلِقْ بَعْضَ النُّفُوسِ حِمَامُها

بَلْ أَنْتِ لَا تَدْرِينَ كَمْ مِنْ لَيْلَةٍ
طَلْقٍ لَذِيذٍ لَهْوُهَا وَنِدَامُها

قَدْ بِتُّ سَامِرَها وَغَايَةَ تَاجِرٍ
وَافَيْتُ إِذْ رُفِعَتْ وَعَزَّ مُدَامُها

أُغْلِي السِّبَاءَ بِكُلِّ أَدْكَنَ عَاتِقٍ
أَوْ جَوْنَةٍ قُدِحَتْ وَفُضَّ خِتَامُها

بِصَبُوحِ صَافِيَةٍ وَجَذْبِ كَرِينَةٍ
بِمُوَتَّرٍ تَأْتَالُهُ إِبْهَامُها

Nawâr ne savait-elle donc pas que c'est toujours moi
Qui tends les rets qui ligotent, qui en tranche les
    nœuds?

Qui quitte les lieux quand ils ne m'agréent pas,
À moins que ne m'y enchaîne quelque trépas?

Tu ne sais pas non plus combien de nuits
À l'air si doux, aux plaisirs, aux commensaux exquis,

J'ai passé à deviser! De combien d'enseignes de
    marchands,
Arborées pour vanter un vin vieux et cher, j'étais le
    chaland!

C'est au prix fort, dans une outre noirâtre, que je
    l'achetais,
Ou dans une jarre couleur de poix, dont, avant d'y
    puiser, on brisait le cachet.

Souvent, le matin, j'ai bu un vin sans mélange, me
    laissant charmer par le chant d'une esclave
Qui de son pouce frôlait les cordes d'un luth!

باكَرْتُ حاجَتَها الدَّجاجَ بِسُحْرَةٍ
لِأُعَلَّ مِنهَا حينَ هَبَّ نِيامُها

وَغَدَاةِ رِيحٍ قَدْ وَزَعْتُ وقِرَّةٍ
قد أَصْبَحَتْ بِيَدِ الشَّمالِ زِمامُها

وَلَقَدْ حَمَيْتُ الحَيَّ تَحْمِلُ شِكَّتي
فُرُطٌ وِشَاحي إذْ غَدَوْتُ لِجامُها

فَعَلَوْتُ مُرْتَقِباً على ذي هَبْوَةٍ
حَرِجٍ إلَى أَعْلامَهِنَّ قَتامُها

حتّى إذا أَلْقَتْ يَداً في كافِرٍ
وَأَجَنَّ عَوْراتِ الثُّغورِ ظَلامُها

أَسْهَلْتُ وانْتَصَبَتْ كَجِذْعٍ مُنيفَةٍ
جَرْداءَ يَحْصَرُ دُونَها جُرَّامُها

182

Le besoin que j'en avais me faisait devancer les coqs au
   point du jour
Pour en boire encore, une fois les dormeurs debout!

Souvent j'ai tenu tête aux matins venteux, au froid
   cuisant
Dont la main du vent du nord tenait les rênes!

J'ai protégé le clan, mes armes chargées
Sur un cheval rapide comme l'éclair dont, au matin, je
   portais la bride en bandoulière.

Pour faire le guet, je montais sur un crêt étroit où la
   poussière voltigeait
Jusqu'à assombrir de son nuage les bannières et monts
   ennemis.

Puis, quand le soleil avait plongé ses doigts dans l'encre
   de la nuit,
Quand l'obscurité recouvrait les trouées à découvert,

Je redescendais dans la plaine. Alors mon cheval se tient
   les jambes d'aplomb
Tel le tronc d'un palmier haut, nu et lisse dont les
   cueilleurs appréhendent l'ascension.

رَفَّعْتُها طَرْدَ النَّعامِ وَشَلَّهُ
حتّى إذا سَخِنَتْ وَخَفَّ عِظامُها

قَلِقَتْ رِحالَتُها وَأَسْبَلَ نَحْرُها
وَابْتَلَّ مِن زَبَدِ الحَمِيمِ حِزامُها

تَرْقى وَتَطْعَنُ في الْعِنانِ وَتَنْتَحي
وِرْدَ الْحَمامَةِ إذْ أَجَدَّ حَمامُها

وَكَثِيرَةٍ غُرَباؤُها مَجْهُولَةٍ
تُرْجى نَوافِلُها ويُخْشى ذَامُها

غُلْبٍ تَشَذَّرُ بالدُّحُولِ كَأنَّها
جِنُّ الْبَدِيِّ رَواسِياً أَقْدامُها

أَنْكَرْتُ باطِلَها وبُؤْتُ بِحَقِّها
عِندي ولم يَفْخَرْ عَلَيَّ كِرامُها

184

67 Et je le lance comme pour donner la chasse à l'autruche,
   voire la dépasser
   Jusqu'à ce que, désengourdi et échauffé,

68 Il fasse osciller la selle, ait le poitrail trempé
   Et la sangle mouillée d'une écumante suée.

69 Il réunit alors toutes ses forces et, à bride abattue, fond
   Sur l'aiguade comme le pigeon, quand la volée s'abat
   sur l'eau !

70 Je me souviens d'une assemblée pleine d'étrangers de
   moi inconnus
   Dont on espérait les dons et redoutait le blâme,

71 Hommes au cou épais, prêts à en venir aux mains,
   vindicatifs comme
   Les démons d'al-Badî[1], bien campés sur leurs pieds.

72 Leurs fausses prétentions j'ai rejeté, mais justice leur ai
   rendu,
   Et leurs nobles Seigneurs ne se sont point glorifiés de
   m'être supérieurs !

---

1. Il s'agirait soit d'une vallée, soit d'un village dans le Nedjd (voir
Yâqût, *Mu'djam al-buldân*, Beyrouth, Dâr ih'yâ' al-turâth al-'arabî,
1979, t. I, p. 360).

وَجَزُورِ أَيْسارٍ دَعَوْتُ لِحَتْفِها
بِمَغَالِقٍ مُتَشابِهٍ أَجْسامُها

أَدْعُو بِهِنَّ لِعاقِرٍ أَوْ مُطْفِلٍ
بُذِلَتْ لِجِيرانِ الْجَمِيعِ لِحامُها

فَالضَّيْفُ وَالجارُ الجَنِيبُ كَأَنَّما
هَبَطا تَبالَةَ مُخْصِباً أَهْضامُها

تَأْوِي إِلى الأَطْنابِ كُلُّ رَذِيَّةٍ
مِثْلِ الْبَلِيَّةِ قالِصٍ أَهْدامُها

وَيُكَلِّلُونَ إِذا الرِّياحُ تَناوَحَتْ
خُلُجاً تُمَدُّ شَوارِعاً أَيْتامُها

186

73 Souvent, pour confier aux mains des joueurs le sort
     d'une bête vouée à la mort, je fais apporter
   Des flèches de même largeur, de même longueur[1] ;

74 Je les fais venir pour une chamelle stérile[2] ou la mère
     d'un chamelon
   Dont nous prodiguons la viande à tous nos protégés des
     environs.

75 L'hôte et l'étranger sous notre protection s'imaginent
     ainsi
   Être descendus à Tabâla[3] où le fond de vallée est
     fécond.

76 Près des cordes de la tente trouvent refuge toutes les
     miséreuses
   En haillons qui, telle la chamelle sur la tombe de son
     maître, meurent de faim.

77 Et quand se heurtent et gémissent les vents, on empile la
     viande pour en couronner
   Des bassines vastes comme des golfes où s'en vont
     plonger les orphelins.

---

1. Voir notre Présentation, *supra*, p. 33.
2. Donc bien grasse.
3. Voir notre Présentation, *supra*, p. 28.

إِنَّا إِذَا الْتَقَتِ الْمَجَامِعُ لَمْ يَزَلْ
مِنَّا لِزَازُ عَظِيمَةٍ جَشَّامُها

وَمُقَسِّمٌ يُعْطِي الْعَشِيرَةَ حَقَّها
وَمُغَذْمِرٌ لِحُقُوقِها هَضَّامُها

فَضْلاً وَذُو كَرَمٍ يُعِينُ عَلَى النَّدى
سَمْحٌ كَسُوبُ رَغَائِبٍ غَنَّامُها

مِنْ مَعْشَرٍ سَنَّتْ لَهُمْ آبَاؤُهُمْ
وَلِكُلِّ قَوْمٍ سُنَّةٌ وَإِمَامُها

لَا يَطْبَعُونَ وَلَا يَبُورُ فَعَالُهُمْ
إِذْ لَا يَمِيلُ مَعَ الْهَوَى أَحْلَامُها

فَاقْنَعْ بِمَا قَسَمَ الْمَلِيكُ فَإِنَّمَا
قَسَمَ الْخَلَائِقَ بَيْنَنَا عَلَّامُها

Quand les clans se rencontrent pour tenir assemblée, c'est toujours
L'un de nous qui s'érige en défenseur têtu d'une affaire ardue, s'en inflige le fardeau,

L'un de nous qui procède au partage, donne son dû à la tribu,
S'échauffe pour défendre nos droits, mais consent au compromis

De bonne grâce; généreux, il aide autrui à verser une pluie de largesses,
Est conciliant, capable de gagner les objets convoités, d'en faire son butin.

Il est d'un clan dont les règles de conduite lui ont été léguées par les pères,
Car il n'est pas de peuple sans règles de conduite, ni guide exemplaire.

Hommes dépourvus de bassesse dont les actes ne sont pas vains,
Car leur longanimité à la passion ne cède point.

Aussi, contente-toi de ce que Dieu t'a donné en partage
Car c'est en connaisseur qu'entre nous il a partagé les dons

وَإِذا الأَمانةُ قُسِّمَتْ في مَعْشَرٍ
أَوْفَى بِأَوْفَرِ حَظِّنا قَسّامُها

فَبَنَى لَنا بَيْتاً رَفيعاً سَمْكُهُ
فَسَما إِلَيْهِ كَهْلُها وغُلامُها

وهُمُ السُّعاةُ اذَا الْعَشيرَةُ أُفْظِعَتْ
وهُمْ فَوارِسُها وهُمْ حُكّامُها

وهُمْ رَبيعٌ لِلْمُجاوِرِ فيهِمُ
والْمُرْمِلاتِ إِذا تَطاوَلَ عامُها

وهُمُ الْعَشيرَةُ أَنْ يُبَطِّىءَ حاسِدٌ
أَوْ أَنْ يَميلَ مَعَ الْعَدُوِّ لِئَامُها

84 Si l'on a pu, dans une tribu, répartir des parts de
    loyauté
    Celui qui les a réparties nous a décidément comblés!

85 Il a bâti pour nous une maison au faîte ambitieux
   Jusqu'où se haussent hommes mûrs et jouvenceaux.

86 Ce sont eux qui se démènent quand la tribu est mise à
    mal
    Ce sont eux ses arbitres, ses chevaliers,

87 Pluie printanière pour leurs protégés,
   Pour les miséreuses quand s'étire l'année!

88 Ce sont eux la tribu de crainte qu'un envieux ne les
    freine
    Ou que pour l'ennemi ne penchent des vilains.

LA *MU'ALLAQA*
DE 'AMR IBN KULTHÛM

أَلَا هُبِّي بِصَحْنِكِ فَاصْبَحِينَا

وَلَا تُبْقِي خُمُورَ الأَنْدَرِينَا

مُشَعْشَعَةً كَأَنَّ الحُصَّ فِيهَا

إِذَا مَا الْمَاءُ خَالَطَهَا سَخِينَا

تَجُورُ بِذِي اللُّبَانَةِ عَنْ هَوَاهُ

إِذَا مَا ذَاقَهَا حَتَّى يَلِينَا

تَرَى اللَّحِزَ الشَّحِيحَ إِذَا أُمِرَّتْ

عَلَيْهِ لِمَالِهِ فِيهَا مُهِينَا

صَبَنْتِ الْكَأْسَ عَنَّا أُمَّ عَمْرٍو

وَكَانَ الْكَأْسُ مَجْرَاهَا الْيَمِينَا

وَمَا شَرُّ الثَّلَاثَةِ أُمَّ عَمْرٍو

بِصَاحِبِكِ الَّذِي لَا تَصْبَحِينَا

1 Femme! Debout! Apporte ton cratère et verse nous la
   coupe du matin!
   Et ne garde point en réserve les vins d'Anderine

2 Qu'on dirait safranés, quand, une fois coupés,
   Eau tiède et vin se sont mariés.

3 De l'amant soucieux ils apaisent les tourments,
   S'il en goûte assez pour être soulagé.

4 Le vilain ladre tu le vois, quand il en passe
   À sa portée, mépriser ses biens pour eux.

5 La coupe! Umm 'Amr! Tu l'as déviée!
   C'est de gauche à droite qu'elle devait aller!

6 Umm 'Amr! Le pire des trois n'est pas
   L'ami à qui tu ne verses pas le vin du matin!

وَكَأْسٍ قَدْ شَرِبْتُ بِبَعْلَبَكَّ
وَأُخْرَى فِي دِمَشْقَ وَقَاصِرِينَا

وَإِنَّا سَوْفَ تُدْرِكُنَا الَمنَايَا
مُقَدَّرَةً لَنَا وَمُقَدِّرِينَا

قِفِي قَبْلَ التَّفَرُّقِ يَا ظَعِينَا
نُخَبِّرْكِ الْيَقِينَ وَتُخْبِرِينَا

قِفِي نَسْأَلْكِ هَلْ أَحْدَثْتِ صَرْماً
لِوَشْكِ الْبَيْنِ أَمْ خُنْتِ الْأَمِينَا

بِيَوْمِ كَرِيهَةٍ ضَرْباً وَطَعْناً
أَقَرَّ بِهِ مَوَالِيكِ الْعُيُونَا

وَإِنَّ غَداً وَإِنَّ الْيَوْمَ رَهْنٌ
وَبَعْدَ غَدٍ بِما لا تَعْلَمِينَا

7   Que de coupes vidées à Baalbek!
    Que d'autres bues à Damas, à Kasserine!

8   La mort nous rattrapera, c'est certain,
    Elle à nous, nous à elle destinés!

9   Toi qui pars dans ton palanquin, avant de nous séparer,
        arrête ta monture!
    Que nous te disions la vérité, que tu nous la dises!

10 Arrête ta monture et dis-moi! Tu as rompu pourquoi?
    Parce que la séparation était proche? Parce que tu as
        trahi ma foi?

11 Que nous te contions les coups de sabres et de lances
        d'un jour d'effroi
    Grâce auquel les yeux des tiens ont retrouvé la joie!

12 Aujourd'hui et demain sont le gage de bien des choses
    Ainsi qu'après-demain, toutes choses dont tu ne sais
        rien!

تُرِيكَ إِذَا دَخَلْتَ عَلَى خَلَاءٍ

وَقَدْ أَمِنَتْ عُيُونَ الْكَاشِحِينَا

ذِرَاعَيْ عَيْطَلٍ أَدْمَاءَ بِكْرٍ

هِجَانِ اللَّوْنِ لَمْ تَقْرَأْ جَنِينَا

وَنَدْياً مِثْلَ حُقِّ الْعَاجِ رَخْصاً

حَصَاناً مِنْ أَكُفِّ اللَّامِسِينَا

وَمَتْنَيْ لَدْنَةٍ سَمَقَتْ وَطَالَتْ

رَوَادِفُها تَنُوءُ بِما وَلِينَا

وَمَأْكَمَةً يَضِيقُ الْبَابُ عَنْها

وَكَشْحاً قَدْ جُنِنْتُ بِهِ جُنُونا

وَسَارِيَتَيْ بِلَنْطٍ أَوْ رُخامٍ

يَرِنُّ خَشَاشُ حَلْيِهِما رَنِينا

198

13   Elle te laissait voir dans l'intimité,
    Quand elle était à l'abri des regards haineux,

14   Les bras [1] d'une chamelle au cou long, au pelage blanc
    – Blancheur d'illustre lignée –, qui n'avait jamais porté,

15   Un sein doux, vase d'ivoire,
    Que nulle main n'avait encore touché,

16   Un dos souple, svelte, élancé,
    Une croupe alourdie par ce qui la suit,

17   Des hanches arrondies et larges de sorte à rendre trop
    étroite la porte,
    Un flanc qui m'affolait au point d'en être possédé

18   Et deux colonnes d'albâtre ou de marbre en guise de
    jambes,
    Parées de beaux bracelets qui cliquetaient, cliquetaient!

---

1. Voir *supra*, p. 113, note 1.

فَما وَجَدْتُ كَوَجْدِي أُمُّ سُقْبٍ

أَضَلَّتْهُ فَرَجَّعَتِ الحَنِينا

وَلا شَمْطَاءُ لَمْ يَتْرُكْ شَقَاها

لَها مِنْ تِسْعَةٍ إِلا جَنِينا

تَذَكَّرْتُ الصِّبا وَاشْتَقْتُ لَمَّا

رَأَيْتُ حُمُولَها أُصُلاً حُدِينا

فَأَعْرَضَتِ الْيَمامَةُ وَاشْمَخَرَّتْ

كَأَسْيَافٍ بِأَيْدِي مُصْلَتِينا

أَبا هِنْدٍ فَلا تَعْجَلْ عَلَيْنا

وَأَنْظِرْنا نُخَبِّرْكَ الْيَقِينا

بِأَنَّا نُورِدُ الرَّايَاتِ بِيضاً

وَنُصْدِرُهُنَّ حُمْراً قَدْ رَوِينا

19 Aussi, mon chagrin est-il tel qu'il n'a été vécu ni par la
    chamelle
    Qui sans fin ni cesse gémit, après avoir perdu son petit,

20 Ni par la femme chenue à qui le malheur n'a laissé
    De ses neuf enfants aucun, si ce n'est enterré.

21 C'est de ce fol amour que j'eus la nostalgie et me
    souvins, quand
    Au crépuscule, je vis, au chant des chameliers, partir les
    palanquins.

22 Puis les villages de la Yamâma apparurent et se
    dressèrent
    Tels des sabres que dégainent des mains guerrières.

23 Abû Hind[1]! Pas de jugement hâtif nous concernant!
    Mais donne-nous le temps de te dire la vérité :

24 Nos bannières, pour les faire boire, c'est blanches que
    nous les emportons,
    Puis, une fois abreuvées, c'est rouges que nous les
    ramenons !

---

1. Il s'agit de 'Amr Ibn Hind, roi d'al-Hîra vers 568, dont la mère
avait humilié celle du poète. Celui-ci devait par la suite tuer le roi (voir
notre Présentation, *supra*, p. 24-25).

وَأَيَّامٍ لَنَا غُرٍّ طِوَال
عَصَيْنَا الـمَـلْكَ فِيهَا أَنْ نَدِينَا

وَسَيِّدِ مَعْشَرٍ قَدْ تَوَّجُوهُ
بِتَاجِ الْمُلْكِ يَحْمِي الْمُحْجَرِينَا

تَرَكْنَا الْخَيْلَ عَاكِفَةً عَلَيْهِ
مُقَلَّدَةً أَعِنَّتَها صُفُونَا

وَأَنْزَلْنَا الْبُيُوتَ بِذِي طُلُوحٍ
إِلَى الشَّامَاتِ تَنْفِي الْمُوعِدِينَا

وَقَدْ هَرَّتْ كِلَابُ الْحَيِّ مِنَّا
وَشَذَّبْنَا قَتَادَةَ مَنْ يَلِينَا

مَتَى نَنْقُلْ إِلَى قَوْمٍ رَحَانَا
يَكُونُوا فِي اللِّقَاءِ لَهَا طَحِينَا

25 Nos longues guerres, journées d'éclat
    Où, pour ne point nous soumettre, nous fûmes rebelles
        au roi !

26 Tel chef de tribu dont on avait ceint le front
    D'une couronne de roi, qui protégeait des réfugiés,

27 Nous le laissâmes mort, encerclé par nos chevaux,
    Les rênes en guise de colliers et un sabot négligemment
        levé !

28 Nous avons dressé nos tentes à Dhû T'ulûh'
    Jusqu'aux Chamât, chassant quiconque nous menaçait !

29 Les chiens du clan, à notre approche, grognaient,
    Mais nous ôtâmes leurs piques à ceux qui nous serraient
        de près !

30 Quand nous portons notre meule [1] dans une tribu,
    La rencontre la broie !

---

1. La guerre.

يَكُونُ ثِفَالُهَا شَرْقِيَّ نَجْدٍ
وَلَهْوَتُها قُضَاعَةَ أَجْمَعِينا

نَزَلْتُمْ مَنْزِلَ الأَضْيَافِ مِنَّا
فَأَعْجَلْنا الْقِرَى أَنْ تَشْتِمُونا

قَرَيْنَاكُمْ فَعَجَّلْنا قِرَاكُمْ
قُبَيْلَ الصُّبْحِ مِرْدَاةً طَحُونا

نَعُمُّ أُنَاسَنا وَنَعِفُّ عَنْهُمْ
وَنَحْمِلُ عَنْهُمْ مَا حَمَّلُونا

نُطَاعِنُ مَا تَرَاخَى النَّاسُ عَنَّا
وَنَضْرِبُ بِالسُّيُوفِ إِذَا غُشِينا

بِسُمْرٍ مِنْ قَنا الْخَطِّيِّ لُدْنٍ
ذَوَابِلَ أَوْ بِبِيضٍ يَخْتَلِينا

204

1 Le cuir de notre meule? L'Orient du Nedjd!
  Les grains à moudre? Les Qud'â'a en totalité!

2 Vous êtes descendus chez nous en hôtes
  Et, craignant l'outrage, nous vous avons prestement
    régalés,

3 Oui, régalés! et en guise de festin, avons promptement
    préparé,
  Peu avant l'aube, une pierre qui a tout broyé!

4 Nous donnons à tous les nôtres et nous abstenons de
    les léser
  Et les déchargeons des faix dont ils nous ont chargés!

5 Nous attaquons avec nos lances, tant qu'on se tient à
    distance
  Et frappons de nos sabres, quand on nous serre de
    près!

6 Avec nos lances brunes en roseau de Khat't',
  Minces et flexibles, ou avec nos sabres blancs qui
    fauchent à toute volée,

كَأَنَّ جَمَاجِمَ الأَبْطَالِ فِيهَا
وُسُوقٌ بِالأَمَاعِزِ يَرْتَمِينَا

نَشُقُّ بِهَا رُؤُوسَ الْقَوْمِ شَقًّا
وَنَخْتَلِبُ الرِّقَابَ فَتَخْتَلِينَا

وَإِنَّ الضِّغْنَ بَعْدَ الضِّغْنِ يَبْدُو
عَلَيْكَ وَيُخْرِجُ الدَّاءَ الدَّفِينَا

وَرِثْنَا الْمَجْدَ قَدْ عَلِمَتْ مَعَدٌّ
نُطَاعِنُ دُونَهُ حَتَّى يَبِينَا

وَنَحْنُ إِذَا عِمَادُ الْحَيِّ خَرَّتْ
عَنِ الأَحْفَاضِ نَمْنَعُ مَنْ يَلِينَا

206

37 Quand de nos lames les crânes des héros dégringolent,
    on dirait
   Des charges de blé qui, d'un chameau de bât, tombent
    sur le sol cailouteux!

38 Nous fendons en deux les têtes des guerriers
   Et coupons les cous comme on fauche l'herbe fraîche
    des prés!

39 Oui! Les haines accumulées finissent par transparaître
   Et par manifester le mal enfoui au fond de l'être!

40 La gloire est notre legs, les Ma'add[1] le savent bien,
   Mais nous la défendons de nos lances pour la faire
    apparaître!

41 Nous, quand on déleste des pieux des tentes du clan
   Les chameaux de bât[2], nous défendons nos clients,

---

1. Il s'agit de l'appellation collective des tribus du nord de l'Arabie,
dont Ma'add était réputé être l'ancêtre. On ne sait pas grand-chose sur
ce personnage, sinon que ses descendants et lui auraient vécu pendant
un certain temps dans les environs de La Mecque. Voir l'*Encyclopédie
de l'Islam*, Leyde, Brill, et Paris, Maisonneuve et Larose, 1991-2001,
t. I et t. V, entrées «Ma'add» et «'Adnân».

2. Pour faciliter la fuite.

نَجُذُّ رُؤُوسَهُمْ فِي غَيْرِ بِرٍّ
فَما يَدْرُونَ مَاذَا يَتَّقُونا

كَأَنَّ سُيُوفَنا مِنّا وَمِنْهُم
مَخَارِيقٌ بِأَيْدِي لاعِبِينا

كَانَّ ثِيابَنا مِنّا وَمِنْهُمْ
خُضِبْنَ بِأُرْجُوانٍ أَوْ طُلِينا

إِذَا ما عَيَّ بِالإِسْنافِ حَيٌّ
مِنَ الهَوْلِ المُشَبَّهِ أَنْ يَكُونا

نَصَبْنا مِثْلَ رَهْوَةَ ذَاتَ حَدٍّ
مُحَافَظَةً وَكُنّا السّابِقِينا

بِشُبّانٍ يَرَوْنَ القَتْلَ مَجْداً
وَشِيبٍ فِي الحُرُوبِ مُجَرَّبِينا

208

₂ Mais nous leur coupons la tête dès qu'ils se montrent
    désobéissants!
    Ne savent-ils donc pas ce qui les attend?

₃ On dirait de nos sabres et des leurs
    Des tortillons en tissu dans les mains des joueurs!

₄ On dirait de nos habits et des leurs
    Qu'ils ont été teints ou enduits d'écarlate!

₅ Quand un clan hésite à se porter en avant,
    Pris d'une terreur dont il a l'obscur pressentiment,

₆ Nous nous dressons, montagne hérissée de piques,
    Pour tenir notre rang et avons le dessus,

₇ Grâce à des jouvenceaux pour qui mourir au combat
    vaut gloire,
    Grâce à des vieillards blanchis sous le harnais et à la
    guerre rompus.

حُدَيَّا النَّاسِ كُلِّهِمْ جَمِيعاً

مُقَارَعَةً بَنِيهِمْ عَنْ بَنِينَا

فَأَمَّا يَوْمَ خَشْيِتِنا عَلَيْهِمْ

فَتُصْبِحُ خَيْلُنا عُصَباً ثُبِينَا

وَأَمَّا يَوْمَ لا نَخْشَى عَلَيْهِمْ

فَنُمْعِنُ غَارَةً مُتَلَبِّبِينَا

بِرَأْسٍ مِنْ بَنِي جُشَمِ بْنِ بَكْرٍ

نَدُقُّ بِهِ السُّهُولَةَ وَالْحُزُونَا

أَلا لا يَعْلَمُ الْأَقْوامُ أَنَّا

تَضَعْضَعْنا وَأَنَّا قَدْ وَنِينَا

أَلا لا يَجْهَلَنْ أَحَدٌ عَلَيْنَا

فَنَجْهَلُ فَوْقَ جَهْلِ الْجَاهِلِينَا

8 Nous défions les hommes tous ensemble,
Jouons nos fils contre les leurs !

9 Le jour où nous craignons pour leur vie,
Nos chevaux se font escadrons, cavalerie !

10 Le jour où rien n'est à craindre pour eux,
Nous faisons une razzia et fonçons tout armés

11 Avec à notre tête un chef des Djucham Ibn Bakr[1],
Grâce auquel nous broyons territoires ennemis, faciles
et ardus !

12 Les tribus sauraient-elles donc que nous,
Nous ayons jamais fléchi, jamais faibli ?

13 Que nul ne s'avise donc de nous dédaigner
Car à ces dédaigneux nous témoignerons plus de dédain
encore !

---

1. Tribu du poète, l'une des fractions des Taghlib.

بأَيِّ مَشِيئَةِ عَمْرِو بْنَ هِنْدٍ

نَكُونُ لِقِيلِكُمْ فِيهَا قَطِينَا

بأَيِّ مَشِيئَةِ عَمْرِو بْنَ هِنْدٍ

تُطِيعُ بِنَا الْوُشَاةَ وَتَزْدَرِينَا

تَهَدَّدْنَا وَتُوعِدْنَا رُوَيْداً

مَتَى كُنَّا لأُمِّكَ مَقْتَوِينَا

فَإِنَّ قَنَاتَنَا يَا عَمْرُو أَعْيَتْ

عَلَى الأَعْدَاءِ قَبْلَكَ أَنْ تَلِينَا

إِذَا عَضَّ الثِّقَافُ بِهَا اشْمَأَزَّتْ

وَوَلَّتْهُ عَشَوْزَنَةً زَبُونَا

عَشَوْزَنَةً إِذَا انْقَلَبَتْ أَرَنَّتْ

تَشُجُّ قَفَا الْمُثَقِّفِ وَالْجَبِينَا

4 'Amr Ibn Hind, par la volonté de qui
Serions-nous de votre roi les courtisans?

5 'Amr Ibn Hind, par la volonté de qui
Prêtes-tu l'oreille aux calomnies et nous traites-tu avec
   mépris?

6 On nous menace! On nous met en demeure!
   Doucement!
Quand donc fûmes-nous de ta mère les serviteurs?

7 'Amr! Nous sommes faits du bois de notre lance qui
   jamais n'a fléchi
Avant toi devant l'ennemi! Ne t'y frotte donc pas!

8 La morsure de l'outil censée la redresser lui répugne,
Elle l'esquive, indomptable, rétive!

9 Oui! Indomptable! La retourne-t-on, elle gémit,
Et blesse quiconque la redresse à la nuque et au front!

فَهَلْ حُدِّثْتَ في جُشَمِ بْنِ بَكْرٍ
بِنَقْصٍ في خُطُوبِ الأَوَّلِينا

وَرِثْنا مَجْدَ عَلْقَمَةَ بْنِ سَيْفٍ
أَباحَ لَنا حُصُونَ المَجْدِ دِينا

وَرِثْتُ مُهَلْهِلاً وَالْخَيْرَ مِنْهُ
زُهَيْراً نِعْمَ ذُخْرُ الذّاخِرِينا

وَعَتّاباً وَكُلْثُوماً جَمِيعاً
بِهِمْ نِلْنا تُراثَ الأَكْرَمِينا

وَذا الْبُرَةَ الَّذِي حُدِّثْتَ عَنْهُ
بِهِ نُحْمَى وَنَحْمِي الْمُلْتَجِينا

214

0 Des Djucham Ibn Bakr, as-tu jamais entendu dire
Qu'aux exploits de leurs ancêtres ils aient failli?

1 De ‘Alqama, fils de Sayf[1], nous avons hérité la gloire!
Les citadelles de la gloire, c'est lui qui nous les a
soumises!

2 Je suis l'héritier de Muhalhil et, mieux encore,
De Zuhayr[2]! Heureux qui possède un tel trésor!

3 De ‘Attâb et de Kulthûm[3], tout à la fois,
Du sang le plus noble nous sommes par eux les hoirs!

4 De Dhû-l-Bura[4] dont tu as entendu parler
Par qui protégés nous sommes et protégeons les
réfugiés!

---

1. L'un des ancêtres de la tribu du poète.

2. Respectivement grand-père maternel et grand-père paternel du poète.

3. Respectivement arrière-grand-père et père du poète.

4. «Celui qui a un anneau en fer passé dans la narine», comme un chameau. C'était le surnom du poète Ka‘b Ibn Zuhayr, fils de Zuhayr Ibn Abî Sulmâ; on l'aurait surnommé ainsi parce qu'il avait des poils durs sur le nez. Contemporain du Prophète, il refusa de se convertir et composa des satires contre Muh'ammad. Voir Ibn al-Nah'h'âs, *Charh' al-qas'â'id al-machhûrât al-mawsûma bi-l-mu‘allaqât*, Beyrouth, Dâr al-kutub al-‘ilmiyya, s.d., p. 111, et l'*Encyclopédie de l'Islam, op. cit.*, t. IV, entrée «Ka‘b b. Zuhayr».

وَمِنَّا قَبْلَةُ السَّاعِي كُلَيْبٌ
فَأَيُّ الَمَجْدِ إِلَّا قَدْ وَلِينَا

مَتَى نَعْقِدْ قَرِينَتَنَا بِحَبْلٍ
تَجُذَّ الْحَبْلَ أَوْ تَقْصِ الْقَرِينَا

وَنُوجَدُ نَحْنُ أَمْنَعَهُمْ ذِمَاراً
وَأَوْفَاهُمْ إِذَا عَقَدُوا يَمِينَا

وَنَحْنُ غَدَاةَ أُوقِدَ فِي خَزَازَى
رَفَدْنَا فَوْقَ رِفْدِ الرَّافِدِينَا

وَنَحْنُ الْحَابِسُونَ بِذِي أَرَاطَى
تَسَفُّ الْجِلَّةُ الْخُورُ الدَّرِينَا

65   Et avant lui, le vaillant Kulayb[1] était des nôtres !
      Est-il gloire qu'alors nous n'avions pas acquise ?

66   Quand nous couplons notre chamelle à l'aide d'une
        corde avec celle de l'ennemi,
      Elle rompt celle-là ou brise le cou de celle-ci !

67   Nous sommes plus intraitables qu'autrui, quand il s'agit
        de nos droits,
      Plus fidèles qu'autrui, quand nous engageons notre foi !

68   C'est nous qui le matin de l'embrasement à Khazâzâ[2]
      Plus que quiconque avons prêté secours !

69   Nous qui à Dhû Urât'â avons tenu,
      Nos grandes chamelles laitières broutant l'herbe sèche
        noircie[3] !

---

1. Chef de la tribu des Taghlib, dont le meurtre par son beau-frère causa la longue guerre entre les deux tribus des Taghlib et des Bakr, connue sous le nom de «guerre de Basûs». Celle-ci a probablement eu lieu au début du VIe siècle.

2. Cette bataille, dont on ignore quand elle eut lieu, opposa les Nizâr, tribus du nord de l'Arabie, aux Yéménites du Sud.

3. Nous omettons ici deux vers qui sont repris presque à l'identique plus loin (v. 97-98).

وَكُنَّا الأَيْمَنِينَ إِذَا الْتَقَيْنَا
وَكَانَ الأَيْسَرِينَ بَنُو أَبِينَا

فَصَالُوا صَوْلَةً فِيمَنْ يَلِيهِمْ
وَصُلْنَا صَوْلَةً فِيمَنْ يَلِينَا

فَآبُوا بِالنِّهَابِ وَبِالسَّبَايَا
وَأُبْنَا بِالْمُلُوكِ مُصَفَّدِينَا

إِلَيْكُمْ يَا بَنِي بَكْرٍ إِلَيْكُمْ
أَلَمَّا تَعْرِفُوا مِنَّا الْيَقِينَا

أَلَمَّا تَعْلَمُوا مِنَّا وَمِنْكُمْ
كَتَائِبَ يَطَّعِنَّ وَيَرْتَمِينَا

عَلَيْنَا الْبَيْضُ وَالْيَلَبُ الْيَمَانِي
وَأَسْيَافٌ يَقُمْنَ وَيَنْحَنِينَا

218

70 Lors de notre rencontre, l'aile droite, c'était nous!
   L'aile gauche, c'était nos demi-frères, fils de notre père!

71 Ils se ruèrent sur ceux qui les serraient de près
   Et nous fîmes de même avec ceux qui nous pressaient!

72 Ils ramenèrent le butin et les prisonniers,
   Nous ramenâmes les rois tout entravés!

73 Arrière! Fils des Bakr! Arrière!
   Ne savez-vous donc toujours pas sur nous la vérité[1]?

74 De nous, de vous, ne connaissez-vous donc pas
   Les escadrons qui à coups de lances et de flèches se
     livraient combat?

75 Nous portons des casques scintillants, des boucliers en
     cuir,
   Des sabres qui tantôt se lèvent, tantôt s'abattent de
     biais,

---

1. Voir *supra*, v. 23.

عَلَيْنا كُلُّ سَابِغَةٍ دِلاصٍ

تَرَى فَوْقَ النِّطاقِ لَها غُضُونا

إِذا وُضِعَتْ عَنِ الأَبْطالِ يَوْماً

رَأَيْتَ لَها جُلودَ الْقَوْمِ جُونا

كَأَنَّ غُضُونَهُنَّ مُتونُ غُدْرٍ

تُصَفِّقُها الرِّياحُ إِذا جَرَيْنا

وَتَحْمِلُنا غَداةَ الرَّوْعِ جُرْدٌ

عُرِفْنَ لَنا نَقائِذَ وَافْتُلِينا

وَرَدْنَ دَوارِعاً وَخَرَجْنَ شُعْثاً

كَأَمْثالِ الرِّصائِعِ قَدْ بَلِينا

وَرِثْناهُنَّ عَنْ آباءِ صِدْقٍ

وَنورِثُها إِذا مُتْنا بَنينا

76 Des cottes de mailles fourbies et longues au point
    Que tu leur vois, au-dessus du ceinturon, des plis.

77 Quand, un jour, on en déleste les héros
    Tu vois qu'elles leur ont noirci la peau.

78 Leurs plis font penser à la surface des étangs,
    Quand elle se plisse lors du passage des vents.

79 Le matin de l'effroi, nous montons des chevaux à poil
        ras,
    Réputés nôtres, par nous sauvés et sevrés.

80 Ils arrivent cuirassés et repartent le crin tout ébouriffé
    Et râpé à l'instar des têtières sur leurs toupets.

81 Nous les avons hérités de nos loyaux pères,
    Et à nos fils les léguerons, quand nous mourrons.

عَلى آثَارِنَا بِيضٌ حِسَانٌ

نُحَاذِرُ أَنْ تُقَسَّمَ أَوْ تَهُونا

أَخَذْن عَلى بُعُولَتِهِنَّ عَهْداً

إِذَا لاقَوْا كَتَائِبَ مُعْلِمِينا

لَيَسْتَلِبُنَّ أَفْرَاساً وَبِيضاً

وَأَسْرَى فِي الْحَدِيدِ مُقَرَّنِينا

تَرَانَا بَارِزِينَ وَكُلُّ حَيٍّ

قَدِ اتَّخَذُوا مَخَافَتَنا قَرِينا

إِذا مَا رُحْنَ يَمْشِينَ الْهُوَيْنَى

كَما اضْطَرَبَتْ مُتُونُ الشَّارِبِينا

يَقُتْنَ جِيَادَنا وَيَقُلْنَ لَسْتُمْ

بُعُولَتَنا إِذَا لَمْ تَمْنَعُونا

222

82 De belles femmes blanches nous suivent à la piste
    Et nous prenons garde qu'on ne les ravisse, se les partage
        et les avilisse.

83 Elles ont conclu un pacte avec leurs époux :
    S'ils devaient rencontrer des escadrons affichant leur
        bravoure,

84 Ils ramèneraient en guise de butin des chevaux, des
        épées
    Et des prisonniers, les uns aux autres enchaînés.

85 Nous voit-on surgir dans la vaste plaine que déjà chaque
        clan,
    Tant on nous craint, s'est trouvé des partisans !

86 Et quand, le soir venu, nos femmes reviennent, elles
        s'avancent avec lenteur,
    Se balançant d'avant en arrière comme font les
        buveurs.

87 Elles nourrissent nos coursiers et disent : « Point ne
        serez
    Nos époux, si point ne nous protégez ! »

ظَعائِنَ مِنْ بَنِي جُشَمِ بِنِ بَكْرٍ
خَلَطْنَ بِمِيسَمٍ حَسَباً وَدِينا

وَمَا مَنَعَ الظَّعائِنَ مِثْلُ ضَرْبٍ
تَرَى مِنْهُ السَّواعدَ كالقُلِينا

كَأَنَّا وَالسُّيُوفُ مُسَلَّلاتٌ
وَلَدْنا النَّاسَ طُرّاً أَجْمَعِينا

يُدَهْدِهْنَ الرُّؤُوسَ كما تُدَهْدِي
حَزَاوِرَةٌ بِأَبْطَحِها الكُرِينا

وَقَدْ عَلِمَ القَبَائِلُ مِنْ مَعَدٍّ
إِذَا قُبَبٌ بِأَبْطَحِها بُنِينا

بِأَنَّا المُطعِمُونَ إِذَا قَدَرْنا
وَأَنَّا المُهْلِكُونَ إِذَا ابْتُلِينا

224

88 Voilà les femmes des Djucham Ibn Bakr dans leurs
   palanquins,
   Sur les visages desquelles se mêlent beauté, noblesse et
   piété !

89 Et rien de mieux pour protéger les femmes dans leurs
   litières que des coups
   Qui font que tu vois voler les bras comme, au jeu, les
   petits morceaux de bois[1] !

90 On dirait, nos sabres une fois dégainés,
   Que nous sommes les pères de toute, oui, de toute
   l'humanité

91 Qui font rouler les têtes comme le font
   Avec les boules de solides garçons dans le creux d'une
   vallée.

92 Les tribus des Ma'add savent bien
   Quand, sur leur terrain, on dresse des pavillons,

93 Que nous sommes ceux qui offrent à manger, quand
   nous le pouvons,
   Ceux qui tuent quand on nous défie,

---

1. Il s'agit d'un jeu d'adresse qui consistait à planter un morceau
de bois dans le sol et à tenter de le renverser avec un morceau de bois
plus grand (voir notre Présentation, *supra*, p. 32).

وَأَنَّا الَمانِعُونَ لِما أَرَدْنا
وَأَنَّا النَّازِلُونَ بِحَيْثُ شِينا

وَأَنَّا التَّارِكُونَ إِذَا سَخِطْنَا
وَأَنَّا الآخِذُونَ إِذَا رَضِينا

وَأَنَّا الْعَاصِمُونَ إِذَا أُطِعْنا
وَأَنَّا الْعازِمُونَ إِذَا عُصِينا

وَنَشْرَبُ إِنْ وَرَدْنَا الَماءَ صَفْواً
وَيَشْرَبُ غَيْرُنَا كَدِراً وَطِينا

أَلا أَبْلِغْ بَني الطَّمَّاحِ عَنَّا
وَدُعْمِيًا فَكَيْفَ وَجَدْتُمونا

إِذَا مَا الَملِكُ سَامَ النَّاسَ خَسْفاً
أَبَيْنا أَنْ نُقِرَّ الذُّلَّ فينا

226

94 Ceux qui interdisent l'accès à ce que nous voulons,
   Ceux qui s'installent où cela leur semble bon,

95 Ceux qui, courroucés, délaissent les présents,
   Ceux qui, satisfaits, en acceptent le don,

96 Ceux qui protègent, quand ils sont obéis,
   Ceux qui s'acharnent, quand on se rebelle contre nous !

97 À l'aiguade, c'est l'eau pure que nous buvons,
   L'eau trouble et boueuse, aux autres laissons !

98 Demande donc à la tribu des T'ammâh',
   Et aux Du'mî : «Comment nous avez-vous trouvés ?»

99 Quand le roi inflige aux gens une humiliation,
   Nous refusons, nous, d'essuyer un quelconque affront !

مَلأْنَا الْبَرَّ حَتَّى ضَاقَ عَنَّا

وَظَهَرَ الْبَحْرِ نَمْلَؤُهُ سَفِينَا

إِذَا بَلَغَ الْفِطَامَ لَنَا صَبِيٌّ

تَخِرُّ لَهُ الْجَبَابِرُ سَاجِدِينَا

00 La terre est devenue trop étroite pour nous, tant nous
l'avons emplie,
Et la surface des flots, nous l'emplirons de nos
vaisseaux !

01 Dès qu'un de nos garçons a l'âge d'être sevré,
Les puissants devant lui tombent prosternés.

LA *MU'ALLAQA*
DE 'ANTARA IBN CHADDÂD

هَلْ غَادَرَ الشُّعَرَاءُ مِنْ مُتَرَدَّمِ
أَمْ هَل عَرَفْتَ الدَّارَ بَعْدَ تَوَهُّمِ

يَا دَارَ عَبْلَةَ بِالجوَاءِ تَكَلَّمِي
وَعِمِي صَبَاحاً دَارَ عَبْلَةَ وَاسْلَمِي

فَوَقَفْتُ فِيهَا نَاقَتِي وَكَأَنَّهَا
فَدَنٌّ لِأَقْضِيَ حَاجَةَ الْمُتَلَوِّمِ

وَتَحُلُّ عَبْلَةُ بِالجوَاءِ وَأَهْلُنَا
بِالْحزْنِ فَالصَّمَّانِ فَالْمُتَثَلَّمِ

حُيِّيتَ مِنْ طَلَلٍ تَقَادَمَ عَهْدُهُ
أَقْوَى وَأَقْفَرَ بَعْدَ أُمِّ الَهيْثمِ

حَلَّتْ بِأَرْضِ الزَّائِرِينَ فَأَصْبَحَتْ
عَسِراً عَلَيَّ طِلَابُكِ ابْنَةَ مَخْرَمِ

232

Les poètes, n'ont-ils laissé rien à rapiécer ?
Mais si ! As-tu reconnu la demeure après l'avoir
devinée ?

Parle donc demeure de 'Abla[1] à al-Djiwâ' !
Demeure de 'Abla, bonjour et salut !

J'y arrêtai ma chamelle, qui ressemblait
À un fortin, pour assouvir le besoin de m'attarder.

'Abla demeurait jadis à al-Djiwâ' et les miens
À H'azn, à S'ammân et Mutathallim.

Me saluèrent en retour les vestiges d'un temps lointain,
Sans 'Abla, mère de Haytham, vides, dépeuplés.

Elle demeure maintenant sur les terres des lions
    rugissants et désormais,
Fille de Makhram, il m'est difficile d'aller te retrouver.

---

1. 'Abla est la cousine bien-aimée du poète. Voir à ce propos notre
Présentation, *supra*, p. 25.

عُلِّقْتُها عَرَضًا وَأَقْتُلُ قَوْمَها
زَعْماً لَعَمْرُ أَبِيكَ لَيْسَ بِمَزْعَمِ

وَلَقَدْ نَزَلْتِ فلا تَظُنِّي غَيْرَهُ
مِنِّي بِمَنْزِلَةِ الْمُحَبِّ الْمُكْرَمِ

كَيْفَ الْمَزَارُ وَقَدْ تَرَبَّعَ أَهْلُها
بِعُنَيْزَتَيْنِ وَأَهْلُنا بِالْغَيْلَمِ

إِنْ كُنْتِ أَزْمَعْتِ الْفِراقَ فَإِنَّما
زُمَّتْ رِكابُكم بِلَيْلٍ مُظْلِمِ

مَا رَاعَني إِلاَّ حَمُولَةُ أَهْلِها
وَسْطَ الدِّيارِ تَسُفُّ حَبَّ الْخِمْخِمِ

فيها أُثْنَتانِ وَأَرْبَعُونَ حَلُوبَةً
سُوداً كَخَافِيَةِ الْغُرابِ الأَسْحَمِ

Je faisais la guerre aux siens, quand il advint que je
   m'épris d'elle!
Prétendument? Non, par la vie de ton père, vraiment!

Tu occupes – et rien d'autre ne va imaginer –
Dans mon cœur la place de la femme aimée et
   respectée!

Comment donc la visiter, quand les siens passent le
   printemps
Aux deux 'Unayza et les nôtres à Ghaylam?

Ce n'est pas toi qui décidas de me quitter? Mais si!
Vos montures furent bridées par une sombre nuit!

Rien ne m'effraya hormis les chameaux de bât des
   siens
Qui broyaient des grains de khimkhim[1] au beau milieu
   du terrain!

Parmi eux quarante-deux chamelles laitières
Noires comme les rémiges du noir corbeau!

---

1. Il s'agit d'un épineux que nous n'avons pas réussi à identifier.

إِذَ تَسْتَبِيكَ بِذِي غُرُوبٍ وَاضِحٍ
عَذْبٌ مُقَبَّلُهُ لَذِيذِ الْمَطْعَمِ

وَكَأَنَّ فَارَةَ تَاجِرٍ بِقَسِيمَةٍ
سَبَقَتْ عَوَارِضَهَا إِلَيْكَ مِنَ الْفَمِ

أَوْ رَوْضَةً أُنُفًا تَضَمَّنَ نَبْتَهَا
غَيْثٌ قَلِيلُ الدِّمْنِ لَيْسَ بِمَعْلَمِ

جَادَتْ عَلَيْهِ كُلُّ بِكْرٍ حُرَّةٍ
فَتَرَكْنَ كُلَّ قَرَارَةٍ كَالدِّرْهَمِ

سَحًّا وَتَسْكَابًا فَكُلُّ عَشِيَّةٍ
يَجْرِي عَلَيْهَا الْمَاءُ لَمْ يَتَصَرَّمِ

وَخَلَا الذُّبَابُ بِهَا فَلَيْسَ بِبَارِحٍ
غَرِدًا كَفِعْلِ الشَّارِبِ الْمُتَرَنِّمِ

Elle te captivait par une bouche aux dents éclatantes,
Douce au baiser, d'un goût délicieux

Fragrances, aurait-on dit, du vase d'un parfumeur
S'exhalant de sa bouche et précédant vers toi son
    sourire

Ou jardin intact dont la flore est assurée
Par une pluie généreuse, guère souillée, point fréquentée,

Que chaque nuage printanier arrose d'une eau de toute
    pureté,
Transformant chaque creux en pièce d'argent,

Déversant ondée sur ondée, si bien que, chaque soir,
L'eau y coule sans discontinuer.

Les mouches y sont seules et sans cesse
Elles bourdonnent, comme le buveur quand il chantonne.

هَزِجاً يَحُكُّ ذِرَاعَهُ بِذِرَاعِه
قَدْحَ الْمُكِبِّ على الزِّنَادِ الأَجْذَمِ

تُمسِي وَتُصْبِحُ فَوْقَ ظَهْرِ حَشِيَّةٍ
وَأَبِيتُ فَوْقَ سَرَاةِ أَدْهَمَ مُلْجَمِ

وَحَشِيَّي سَرْجٌ على عَبْلِ الشَّوَى
نَهْدٍ مَرَاكِلُهُ نَبِيلِ الْمَحْزِمِ

هَلْ تُبْلِغَنِّي دَارَهَا شَدَنِيَّةٌ
لُعِنَتْ بِمَحْرُومِ الشَّرَابِ مُصَرَّمِ

خَطَّارَةٌ غِبَّ السُّرَى زَيَّافَةٌ
تَطِسُ الإِكَامَ بِوَخْدِ خُفٍّ مِيثَمِ

وَكَأَنَّما تَطِسُ الإِكَامَ عَشِيَّةً
بِقَرِيبِ بَيْنَ الْمَنْسِمَيْنِ مُصَلَّمِ

Elles bruissent, en frottant patte contre patte,
Comme fait de ses bras le manchot appliqué à faire du
feu en frottant bois contre bois.

Soir et matin, ma bien-aimée se prélasse sur une couche
douillette,
Quand moi, je passe la nuit à dos d'un moreau bridé,

Ayant pour couche une selle sur un cheval aux jambes
bien membrées,
Aux flancs charnus, au ventre généreux.

Est-ce qu'à sa demeure me portera une chamelle de
Chadan[1]
Qu'une malédiction a condamnée à avoir les trayons
coupés et les pis desséchés?

Qui, après une nuit de marche, n'en agite pas moins sa
queue, se pavane la tête dressée
Et broie les collines, en foulant vigoureusement le sol
du pied.

Le soir venu, on dirait qu'elle broie les collines
Avec les doigts rapprochés du «mâle aux oreilles
coupées[2]»

---

1. Chadan est le nom d'une terre et d'une tribu demeurée célèbre
pour la qualité de ses chamelles.
2. Surnom de l'autruche.

تَأْوِي لَهُ قُلُصُ النَّعَامِ كما أَوَتْ

حِزَقٌ يَمانِيَةٌ لِأَعْجَمَ طِمْطِمِ

يَتْبَعْنَ قُلَّةَ رَأْسِهِ وكَأَنَّهُ

حِدْجٌ على نَعْشٍ لُهُنَّ مُخَيَّمِ

صَعْلٍ يَعُودُ بذِي الْعُشَيْرَةِ بَيْضَهُ

كالعَبْدِ ذي الْفَرْوِ الطَّوِيلِ الأَصْلَمِ

شَرِبَتْ بِماءِ الدُّحْرُضَيْنِ فَأَصْبَحَتْ

زَوْرَاءَ تَنْفِرُ عن حِيَاضِ الدَّيْلَمِ

وكَأَنَّما تَنْأَى بِجانِبِ دَفِّهَا الــ

وَحْشِيِّ مِنْ هَزِجِ الْعَشِيِّ مُؤَوَّمِ

هِرٍّ جَنِيبٍ كُلَّما عَطَفَتْ لَهُ

غَضْبَى اتَّقَاهَا بِالْيَدَيْنِ وبِالْفَمِ

240

25 Au gloussement duquel les jeunes femelles accourent tels
    Des troupeaux yéménites se précipitant vers un pâtre étranger à l'accent h'imyarite[1].

26 Elles suivent la houppe de sa tête si bien qu'on dirait
    Un palanquin sur un bâti, dressé en guise de tente pour elles.

27 Il a la tête petite et veille à Dhû-l-'Uchayra sur ses œufs,
    Tel un esclave vêtu d'une longue pelisse et aux oreilles coupées.

28 À l'eau des deux Duh'rud', ma chamelle s'abreuva et, le matin venu,
    Elle obliqua pour éviter les bassins de l'ennemi,

29 Comme si elle éloignait son flanc
    Inapprivoisé du miauleur du soir à grosse tête,

30 D'un chat à ses côtés qui, chaque fois qu'elle obliquerait vers lui,
    Hargneuse, se garderait des griffes et des dents.

_____

1. Les H'imyar résidaient en Arabie du Sud, dans l'actuel Yémen.

بَرَكَتْ على جَنْبِ الرِّدَاعِ كَأَنَّمَا
بَرَكَتْ على قَصَبٍ أَجَشَّ مُهَضَّمِ

وكَأَنَّ رُبًّا أَوْ كُحَيْلاً مُعْقَداً
حَشَّ الْوَقُودُ بِهِ جَوانِبَ قُمْقُمِ

يَنْبَاعُ مِنْ ذِفْرَى غَضُوبٍ جَسْرَةٍ
زَيَّافَةٍ مِثْلَ الْفَنِيقِ الْمُكْدَمِ

إِنْ تُغْدِفِي دُونِي الْقِنَاعَ فَإِنَّنِي
طَبٌّ بِأَخْذِ الْفَارِسِ الْمُسْتَلْئِمِ

أَثْنِي عَلَيَّ بِمَا عَلِمْتِ فَإِنَّنِي
سَمْحٌ مُخَالَقَتِي إِذَا لَمْ أُظْلَمِ

وَإِذَا ظُلِمْتُ فَإِنَّ ظُلْمِي بَاسِلٌ
مُرٌّ مَذَاقَتُهُ كَطَعْمِ الْعَلْقَمِ

242

Elle baraqua au bord du Ridâ' et ce fut comme si
Elle fléchissait les genoux sur des roseaux à flûte brisés,

2 Comme si de la poix ou du goudron durci
Qu'un tison ardent embrase sur la panse d'un pot

3 Suintait de derrière les oreilles de cette chamelle
hargneuse et charnue
Qui se pavane à la manière d'un étalon de race maintes
fois mordu.

4 'Abla, si tu rabats ton voile pour te dérober à ma vue,
sache que je suis
Habile à m'emparer du cavalier portant cuirasse !

5 Que tes louanges glorifient ce que tu sais ! Je suis, en
effet,
Longanime par nature, tant qu'on ne me fait pas
outrage,

6 Mais si l'on m'outrage, ma riposte est cruelle
Et de l'amère coloquinte a le goût de fiel.

ولَقَدْ شَرِبْتُ مِنَ الْمُدَامَةِ بَعْدَمَا
رَكَدَ الْهَوَاجِرُ بِالْمَشُوفِ الْمُعْلَمِ

بِزُجَاجَةٍ صَفْرَاءَ ذَاتِ أَسِرَّةٍ
قُرِنَت بِأَزْهَرَ فِي الشِّمَالِ مُفَدَّمِ

فَإِذَا شَرِبْتُ فَإِنَّنِي مُسْتَهْلِكٌ
مَالِي وَعِرْضِي وَافِرٌ لَمْ يُكْلَمِ

وَإِذَا صَحَوْتُ فَمَا أَقَصِّرُ عَن نَدَى
وَكَمَا عَلِمْتِ شَمَائِلِي وَتَكَرُّمِي

وَحَلِيلِ غَانِيَةٍ تَرَكْتُ مُجَدَّلاً
تَمْكُو فَرِيصَتُهُ كَشِدْقِ الأَعْلَمِ

سَبَقَتْ يَدَايَ لَهُ بِعَاجِلِ طَعْنَةٍ
وَرَشَاشِ نَافِذَةٍ كَلَوْنِ الْعَنْدَمِ

7 J'ai bu du vin vieilli, une fois
   Retombées les chaleurs de midi, contre une pièce
   d'argent à fleur de coin,

8 Dans une coupe dorée à stries,
   Avec, à gauche, comme compagnon, un vase rutilant,
   couvert d'un filtre à tissu.

9 Quand j'ai bu, je suis prodigue
   De mes biens, mais conserve intact mon honneur.

10 Et quand je suis à jeun, je n'en dispense pas moins des
   largesses,
   Ma générosité et mes vertus étant ce que tu sais.

11 Je me souviens de l'ami d'une belle que j'avais terrassé,
   Sa jugulaire sifflant à la manière d'une lèvre affligée
   d'un bec-de-lièvre.

12 Mes mains l'avaient surpris d'un coup de lance
   Qui, en le transperçant, fit gicler une gerbe couleur de
   sang-dragon.

هَلاَّ سَأَلْتِ الْخَيْلَ يا ابْنَةَ مَالِكِ
إِنْ كُنْتِ جَاهِلَةً بِما لَمْ تَعْلَمِي

إِذْ لا أَزَالُ على رِحَالَةِ سَابِحٍ
نَهْدٍ تَعَاوَرُهُ الْكُمَاةُ مُكَلَّمِ

طَوْراً يُجَرَّدُ للطِّعانِ وَتَارَةً
يَأْوِي إِلى حَصِدِ الْقِسِيِّ عَرَمْرَمِ

يُخْبِرْكِ مَنْ شَهِدَ الْوَقِيعَةَ أَنَّني
أَغْشَى الْوَغَى وَأَعِفُّ عِنْدَ الْمَغْنَمِ

وَمُدَجَّجٍ كَرِهَ الْكُمَاةُ نِزَالَهُ
لا مُمْعِنٍ هَرَباً وَلا مُسْتَسْلِمِ

جَادَتْ لَهُ كَفِّي بِعاجِلِ طَعْنَةٍ
بِمُثَقَّفٍ صَدْقِ الْكُعوبِ مُقَوَّمِ

3 Fille de Malik[1] ! N'as-tu donc pas questionné les cavaliers,
Si vraiment tu l'ignores, sur ce que point ne sais !

4 Car je suis toujours en selle sur un coursier au fluide galop,
Aux flancs charnus que les braves attaquent tour à tour et qui, maintes fois blessé,

5 Tantôt se détache et fonce à découvert sur les lanciers, tantôt
S'abrite sous les cordes bien tressées d'une multitude d'archers.

6 Les témoins de la rencontre t'apprendront
Que je fus au cœur de la mêlée, mais m'abstins de faire du butin !

7 Je me souviens d'un cavalier armé de pied en cap que les braves répugnaient à affronter,
Qui ne se hâta point de fuir, ni ne se rendit.

8 Mes mains lui prodiguèrent un coup subit
Avec une pique à hampe raide, droite, aux nœuds solides.

---

1. Il s'agit toujours de 'Abla, la bien-aimée.

فَشَكَكْتُ بِالرُّمْحِ الأَصَمِّ ثِيَابَهُ
لَيْسَ الْكَرِيمُ عَلَى الْقَنَا بِمُحَرَّمِ

فَتَرَكْتُهُ جَزَرَ السِّبَاعِ يَنُشْنَهُ
يَقْضِمْنَ حُسْنَ بَنَانِهِ وَالْمِعْصَمِ

وَمِشَكٍّ سَابِغَةٍ هَتَكْتُ فُرُوجَهَا
بِالسَّيْفِ عَنْ حَامِي الْحَقِيقَةِ مُعْلِمِ

رَبِذٍ يَدَاهُ بِالْقِدَاحِ إِذَا شَتَا
هَتَّاكِ غَايَاتِ التِّجَارِ مُلَوَّمِ

لَمَّا رَآنِي قَدْ نَزَلْتُ أُرِيدُهُ
أَبْدَى نَوَاجِذَهُ لِغَيْرِ تَبَسُّمِ

عَهْدِي بِهِ مَدَّ النَّهَارِ كَأَنَّمَا
خُضِبَ الْبَنَانُ وَرَأْسُهُ بِالْعِظْلِمِ

49 De ma lance sourde je lui perçai les habits,
   Car à la lance le noble n'est certes pas interdit !

50 Puis je le laissai en proie aux fauves qui, se saisissant de
      lui,
   Rongèrent ses jolis doigts et son beau poignet.

51 Je me souviens d'une longue cotte dont j'ai percé les
      mailles
   De mon sabre, privant d'armure un brave guerrier,
   protecteur de tout ce qui mérite d'être protégé,

52 Agile à manier les flèches du sort quand arrivait l'hiver,
   Tombeur d'enseignes de marchands de vin et maintes
      fois blâmé !

53 Quand il s'aperçut que j'étais descendu de cheval pour
      le quérir,
   Il montra ses dents, mais ce n'était pas pour sourire.

54 Notre rencontre dura toute la journée et l'on aurait dit
   De ses doigts, de sa tête qu'ils étaient teints d'indigo.

فَطَعَنْتُهُ بِالرُّمْحِ ثُمَّ عَلَوْتُهُ

بِمُهَنَّدٍ صَافِي الْحَدِيدَةِ مِخْذَمِ

بَطَلٍ كَأَنَّ ثِيَابَهُ فِي سَرْجَةٍ

يُحْذَى نِعَالَ السِّبْتِ لَيْسَ بِتَوْأَمِ

يَا شَاةَ مَا قَنَصٍ لِمَنْ حَلَّتْ لَهُ

حَرُمَتْ عَلَيَّ وَلَيْتَهَا لَمْ تَحْرُمِ

فَبَعَثْتُ جَارِيَتِي فَقُلْتُ لَهَا اذْهَبِي

فَتَجَسَّسِي أَخْبَارَهَا لِي وَاعْلَمِي

قَالَتْ رَأَيْتُ مِنَ الْأَعَادِي غِرَّةً

وَالشَّاةُ مُمْكِنَةٌ لِمَنْ هُوَ مُرْتَمِ

وَكَأَنَّمَا الْتَفَتَتْ بِجِيدِ جَدَايَةٍ

رَشَاءٍ مِنَ الْغِزْلَانِ حُرٍّ أَرْثَمِ

55 D'un coup de lance je le transperçai, puis l'achevai
D'un coup de sabre indien en acier blanc, au fil
tranchant.

56 Ce fut un héros dont les vêtements paraissaient couvrir
un arbre géant,
Qui portait des sandales en cuir et n'avait pas de
jumeau.

57 Ô biche! Quelle prise pour celui à qui elle est permise!
Et interdite à moi! Puisse-t-elle ne l'être pas!

58 Ma servante j'ai dépêché: «Va! lui ai-je dit,
Épie ses faits et gestes pour moi! Renseigne-toi!»

59 À son retour, elle m'a dit: «J'ai vu l'ennemi distrait,
Et la biche peut être prise, pour qui atteint sa cible d'un
trait.»

60 On aurait dit, quand elle s'est retournée, le cou d'un
faon,
D'une jeune gazelle de choix au museau taché de
blanc!

نُبِّئْتُ عمراً غَيْرَ شاكِرٍ نِعْمَتي
وَالْكُفْرُ مَخْبَثَةٌ لِنَفْسِ الْمُنْعِمِ

وَلَقَدْ حَفِظْتُ وَصَاةَ عَمِّي بالضُّحى
إِذْ تقلِصُ الشَّفَتَانِ عن وَضَحِ الْفَمِ

في حَوْمَةِ الْحَرْبِ الَّتي لا تشْتَكي
غَمراتِهَا الأَبْطالُ غَيْرَ تَغَمْغُمِ

إِذْ يَتَّقُونَ بِيَ الأَسِنَّةَ لَمْ أخِمْ
عنها وَلكِنِّي تَضَايَقَ مُقْدَمِي

لَمَّا رَأَيْتُ الْقَوْمَ أَقْبَلَ جَمْعُهُمْ
يَتَذامَرُونَ كَرَرْتُ غيرَ مُذَمَّمِ

يَدْعُونَ عَنْتَرَ وَالرِّماحُ كَأَنَّها
أَشْطانُ بِئْرٍ في لَبانِ الأَدْهَمِ

61 'Amr ne reconnaît pas mon bienfait, m'a-t-on appris,
Or, l'ingratitude du bienfaiteur l'âme pervertit !

62 De mon oncle paternel, je retiens l'ultime conseil :
« Quand le soleil est déjà haut,
Quand se crispent les lèvres, quand se découvrent les
dents,

63 Au plus fort de la mêlée, ne se plaignent
De ses abîmes les héros qu'en rugissant ! »

64 Quand, à l'encontre des lances, on se fit un rempart de
moi, je ne reculai pas d'effroi,
Mais parce que, pour avancer, je fus à l'étroit.

65 Et quand je vis les nôtres, tous ensemble, se porter en
avant,
S'exciter mutuellement au combat, irréprochable, je
repartis à l'attaque.

66 Ils criaient : « 'Antara ! », quand les lances faisaient
penser,
Fichées dans le poitrail de mon moreau, aux cordes
d'un puits.

ما زِلْتُ أَرْمِيهِمْ بِثُغْرَةِ نَحْرِه
وَلَبَانِهِ حتى تَسَرْبَلَ بِالدَّمِ

فَازْوَرَّ مِنْ وَقْعِ الْقَنَا بِلَبَانِه
وشَكَا إِلَيَّ بِعَبْرَةٍ وَتَحَمْحُمِ

لَوْ كَانَ يَدْرِي مَا الْمُحَاوَرَةُ أَشْتَكَى
وَلَكَانَ لَوْ عَلِمَ الْكَلامَ مُكَلِّمِي

ولَقَدْ شَفَى نَفْسِي وَأَذْهَبَ سُقْمَهَا
قِيلُ الْفَوَارِسِ وَيْكَ عَنْتَرَ أَقْدِمِ

وَالْخَيْلُ تَقْتَحِمُ الْخَبَارَ عَوَابِساً
من بين شَيْظَمَةٍ وَآخَرَ شَيْظَمِ

ذُلُّ رِكَابِي حَيْثُ شِئْتُ مُشَايِعِي
لُبِّي وَأَحْفِزُهُ بِأَمْرٍ مُبْرَمِ

254

67 Du creux de sa gorge, je frappais sans relâche l'ennemi,
De son poitrail jusqu'à ce que, tout de sang vêtu,

68 Il s'affaissât à force d'avoir reçu des lances dans son
poitrail !
Alors d'une larme, d'un râle, il se plaignit à moi !

69 S'il avait su causer, il se serait lamenté !
S'il avait su parler, il m'aurait, certes, parlé !

70 Mon âme guérit, ma peine se dissipa
Aux cris des cavaliers : « Quel homme ! Courage !
'Antara ! »

71 Les chevaux se ruèrent sur le sol ramolli, s'y enfonçant,
moroses,
Et parmi eux de superbes juments et de robustes
coursiers !

72 Mes montures sont dociles où que je veuille les mener,
et j'ai pour soutien
Ma raison que je stimule avec résolution.

وَلَقَدْ خَشِيتُ بِأَنْ أَمُوتَ وَلَمْ تَدُرْ
لِلْحَرْبِ دَائِرَةٌ على ابْنَيْ ضَمْضَمِ

الشَّاتِمَيْ عِرْضِي وَلَمْ أَشْتِمْهُمَا
وَالنَّاذِرَيْنِ إِذَا لَمَ الْقَهُمَا دَمِي

إِنْ يَفْعَلَا فَلَقَدْ تَرَكْتُ أَبَاهُمَا
جَزَرَ السِّبَاعِ وَكُلَّ نَسْرٍ قَشْعَمِ

73 J'ai, certes, craint de mourir, alors que le sort
   De la guerre n'a pas tourné au revers des deux fils de
   D'amd'am

74 Qui offensent mon honneur, sans que je leur aie fait
   offense
   Et qui, en mon absence, me vouent à la mort.

75 S'ils agissent ainsi, c'est parce que j'ai laissé leur père
   En pâture aux fauves et aux vautours trentenaires.

LA *MU'ALLAQA*
D'AL-H'ÂRITH IBN H'ILLIZA[1]

---

1. Cette *Mu'allaqa* est la seule à comporter de nombreux enjambements, raison pour laquelle, au sein des vers, le début du second hémistiche commence souvent par la dernière syllabe du mot qui clôt le premier hémistiche.

آذَنَتْنا بِبَيْنِها أَسْماءُ
رُبَّ ثاوٍ يُمَلُّ مِنْهُ الثَّواءُ

بَعْدَ عَهْدٍ لَنَا بِبُرْقَةِ شَمّا
ءَ فَأَدْنَى دِيارِهَا الْخَلْصاءُ

فَالْمُحَيّاةُ فَالصِّفَاحِ فَأَعْنا
قُ فِتاقٍ فعاذِبٌ فَالْوَفاءُ

فَرِياضُ الْقَطا فَأَوْدِيَةُ الشُّرْ
بُبِ فالشُّعْبَتانِ فالأَبْلاءُ

لا أرى مَنْ عَهِدْتُ فِيهَا فَأَبْكِي الْ
ـيَوْمَ دَلْهاً وَمَا يُحِيرُ الْبُكاءُ

وَبِعَيْنَيْكَ أَوْقَدَتْ هِنْدٌ النّا
رَ أَخِيراً تُلْوِي بِها الْعَلْياءُ

260

1 Asmâ' nous a fait part de son intention de nous quitter,
   – De bien d'autres qui restent on se lasse du séjour! –

2 Après nos rencontres à Burqat al-Chammâ',
   Quand sa demeure la plus proche était al-Khals'â',

3 Puis Muh'ayyât, S'ifâh', les hauteurs
   De Fitâq, 'Âdhib et Wafâ',

4 La mare aux Qat'â', les vallées de Churbub,
   Les deux Chou'ba, le puits d'Ablâ',

5 Je n'y vois plus celle que j'y avais rencontrée, et je
       pleure
   Aujourd'hui en vain, car pleurer ne sert à rien.

6 À portée de ta vue, Hind a allumé le feu,
   Il y a peu, et sur les hauteurs, les flammes ondoyantes
       te la signalent.

فَتَنَوَّرْتُ نَارَهَا مِنْ بَعيدٍ

بِخَزَازَى هَيْهَاتَ مِنْكَ الصَّلاءُ

أَوْقَدَتْها بَيْنَ الْعَقيقِ فَشَخْصَيْـ

نِ بِعُودٍ كما يَلُوحُ الضِّياءُ

غَيْرَ أَنِّي قَدْ أَسْتَعينُ على الهَمِّ

إذا خَفَّ بالثَّوِيِّ النَّجاءُ

بِزَفُوفٍ كَأَنَّهَا هِقْلَةٌ أُ

مٌّ رِئَالٍ دَوِّيَّةٌ سَقْفَاءُ

آنَسَتْ نَبْأَةً وَأَفْزَعَها الْقُـ

ـنَّاصُ عَصْراً وقَدْ دَنَا الإِمْساءُ

فَتَرَى خَلْفَهَا مِنَ الرَّجْعِ وَالْوَقْـ

ـعِ مَنِيناً كَأَنَّهُ إِهْبَاءُ

7   De loin, tu t'es éclairé de son feu
    À Khazâzâ – de trop loin, hélas, pour t'en réchauffer !

8   C'est entre 'Aqîq et Chakhs'ayn, qu'elle l'a allumé,
    Avec un bois qui brillait comme du jour la clarté.

9   Cependant, pour vaincre le chagrin, je demande
       secours,
    Quand prestement lever le camp allège le séjour,

10   À une chamelle rapide comme l'autruche
    Au cou long, mère d'autruchons, farouche

11   Qui, percevant une vague rumeur, prend peur
    À la tombée du jour, à l'approche du soir, des
       chasseurs.

12   Alors, à force de fouler, de heurter le sol, tu la vois
       derrière
    Soulever comme une fine poussière

وَطِراقاً مِنْ خَلْفِهِنَّ طِراقٌ

سَاقِطَاتٌ أَلْوَتْ بِها الصَّحْراءُ

أَتَلَهَّى بِها الهَوَاجِرَ إِذْ كُلُّ ابْـ

ـنِ هَمٍّ بَلِيَّةٌ عَمْياءُ

وَأَتَانَا مِنَ الْحَوَادِث وَالأَنْبَا

ءِ خَطْبٌ نُعْنَى بِه وَنُسَاءُ

إِنَّ إِخْوَانَنَا الأَرَاقِمَ يَغْلُو

نَ عَلَيْنا في قِيلِهِمْ إِحْفَاءُ

يَخْلِطُونَ الْبَرِيءَ مِنَّا بِذِي الذَّنْـ

ـبِ وَلا يَنْفَعُ الْخَلِيَّ الْخَلَاءُ

زَعَمُوا أَنَّ كُلَّ مَنْ ضَرَبَ الْعَيْـ

ـرَ مُوَالٍ لَنَا وَأَنَّا الْوَلَاءُ

3   Et jeter sur le sol trace après trace.
    Elles laissent leurs empreintes, mais le désert les efface.

4   Avec elle, je me joue des torrides midis, quand tout
        homme
    Tourmenté, autre que moi, vague en aveugle, semblable
        en cela à une chamelle qui trépasse.

5   Entre autres nouvelles et événements nous avons appris
    Chose grave qui nous préoccupe et nous froisse :

6   Nos frères, les Arâqîm[1], dépassent les bornes
    En tenant sur nous des propos déplaisants.

7   Ils confondent, parmi nous, coupable et innocent,
    Et l'innocent, point ne lui sert d'être de tout crime
        exempt.

8   Tous ceux qui ont frappé l'onagre, ont-ils prétendu,
    Seraient de nos clients et nous, nous serions leurs
        patrons !

----

1. L'une des branches des Taghlib.

أَجْمَعُوا أَمْرَهُمْ عِشَاءً فَلَمَّا

أَصْبَحُوا أَصْبَحَتْ لَهُمْ ضَوْضَاءُ

مِنْ مُنَادٍ وَمِنْ مُجِيبٍ وَمِنْ تَصْـ

ـهَالِ خَيْلٍ خِلَالَ ذَاكَ رُغَاءُ

أَيُّهَا النَّاطِقُ الْمُرَقِّشُ عَنَّا

عِنْدَ عَمْرٍو وَهَلْ لِذَاكَ بَقَاءُ

لَا تَخَلَّنَا عَلَى غَرَاتِكَ إِنَّا

قَبْلُ مَا قَدْ وَشَى بِنَا الْأَعْدَاءُ

فَبَقِينَا عَلَى الشَّنَاءَةِ تَنْمِيـ

ـنَا حُصُونٌ وَعِزَّةٌ قَعْسَاءُ

قَبْلَ مَا الْيَوْمَ بَيَّضَتْ بِعُيُونِ النْـ

ـنَاسِ فِيهَا تَغَيُّظٌ وَإِبَاءُ

266

Ensemble, le soir, ils arrêtèrent leur plan,
Puis, le matin venu, il se fit chez eux un vacarme
   assourdissant :

Appels des uns, réponses des autres, hennissements
De chevaux traversés par des mugissements de
   chameaux !

Toi, le phraseur, qui brodes sur nous
Auprès de 'Amr, sache qu'il n'en restera rien !

Et n'imagine point nous atteindre par tes calomnies
Avant, déjà, des ennemis nous avaient noircis !

Et malgré la haine persistante, nous avons le dessus
Par nos fortins et une puissance bien établie

Dont, avant ce jour, les hommes furent éblouis,
Tant sa fureur est grande et tenace sa résistance !

وَكَأَنَّ الْمَنُونَ تَرْدِي بِنَا أَرْ
عَنَ جَوْناً يَنْجَابُ عَنْهُ الْعَمَاءُ

مُكْفَهِرّاً على الْحَوَادِثِ لا تَرْ
تُوهُ لِلدَّهْرِ مُؤَيَّدٌ صَمَّاءُ

إِرَمِيٌّ بِمِثْلِهِ جَالَتِ الْخَيْـ
ـلُ وَتَأْبَى لِخَصْمِهَا الإِجْلاءُ

مَلِكٌ مُقْسِطٌ وَأَفْضَلُ مَنْ يَمْـ
ـشِي وَمِنْ دُونِ مَا لَدَيْهِ الثَّنَاءُ

أَيُّما خُطَّةٍ أَرَدْتُمْ فَأَدُّوهَـ
ـا إِلَيْنَا تُشْفَى بِهَا الأَمْلاءُ

إِنْ نَبَشْتُمْ مَا بَيْنَ مِلْحَةَ فَالصَّا
قِبِ فِيهِ الأَمْوَاتُ وَالأَحْيَاءُ

Comme si le sort, en s'en prenant à nous, cherchait à
   briser
Un pic rocheux couleur de poix qui crève les nuages,

Se tient raide face à l'adversité et que ne saurait
   affaiblir
Nul coup du sort, fût-il néfaste.

*Autour d'un homme comme lui, descendant d'Iram, la
   cavalerie fait la ronde,*
Et de le déloger empêche ses ennemis.

Roi juste et, entre tous les hommes, le meilleur
L'éloge est impuissant à faire justice à sa valeur[1].

Confiez-nous quelque affaire que vous vouliez,
Et les conseils des tribus s'en trouveront soulagés !

Déterrez les corps entre Milh'a et l-S'âqib,
Et vous y trouverez des morts pour ne pas avoir été
   vengés et des vivants pour l'avoir été.

---

1. Les vers en italique font l'éloge de 'Amr Ibn Hind, roi d'al-H'îra,
qui joue ici le rôle d'arbitre entre les deux tribus.

أَوْ نَقَشْتُمْ فَالنَّقْشُ يَجْشَمُهُ النَّا
سُ وَفِيهِ الإِسْقَامُ وَالإِبْرَاءُ

أَوْ سَكَتُّمْ عَنَّا فَكُنَّا كَمَنْ أَغْـ
ـمَضَ عَيْناً فِي جَفْنِهَا الأَقْذَاءُ

أَوْ مَنَعْتُمْ مَا تُسْأَلُونَ فَمَنْ حُدِّ
تُّمُوهُ لَهْ عَلَيْنَا الْعَلاءُ

هَلْ عَلِمْتُمْ أَيَّامَ يُنْتَهَبُ النَّا
سُ غِوَاراً لِكُلِّ حَيٍّ عُوَاءُ

إِذْ رَفَعْنَا الْجِمَالَ مِنْ سَعَفِ البَحْـ
ـرَينِ سَيْراً حَتَّى نَهَاهَا الْحِسَاءُ

ثم مِلْنا على تميم فأَحْرَمْـ
ـنا وفينا بَنَاتُ قَوْمٍ إِمَاءُ

270

Ou creusez, tâche éprouvante,
Pour quiconque s'en charge, qui rend malade ou
   innocente !

Ou taisez-vous nous concernant et nous ferons comme
   ceux
Qui, ayant dans l'œil un grain de poussière, ferment une
   paupière.

Ou repoussez la demande qui vous est faite ! Mais qui
   donc sont ceux
Dont on vous a dit qu'ils nous auraient vaincus ?

Vous souvenez-vous des journées où l'on se livrait au
   rapt,
Aux attaques, aux contre-attaques, chaque clan poussant
   des hurlements ?

Quand, aiguillonnant nos chameaux, nous partîmes à
   marche forcée des palmes du Bah'rayn
Pour aller à l-H'isâ', terme de l'équipée,

Puis nous retournâmes contre les Tamîm, si bien
   qu'avant la trêve des mois sacrés,
Nous avions les filles de certaine tribu pour servantes.

لَا يُقِيمُ الْعَزِيزُ بِالْبَلَدِ السَّهْـ
ـلِ وَلَا يَنْفَعُ الذَّلِيلَ النَّجَاءُ

لَيْسَ يُنْجِي الَّذِي يُوَائِلُ مِنَّا
رَأْسُ طَوْدٍ وَحَرَّةٌ رَجْلَاءُ

مَلِكٌ أَضْرَعَ الْبَرِيَّةَ لَا يُو
جَدُ فِيهَا لِمَا لَدَيْهِ كِفَاءُ

كَتَكَالِيفِ قَوْمِنَا إِذْ غَزَا الْمُنْـ
ـذِرُ هَلْ نَحْنُ لِابْنِ هِنْدٍ رِعَاءُ

مَا أَصَابُوا مِنْ تَغْلِبِيٍّ فَمَطْلُو
لٌ عَلَيْهِ إِذَا أُصِيبَ الْعَفَاءُ

إِذْ أَحَلَّ الْعَلْيَاءَ قُبَّةَ مَيْسُو
نَ فَأَدْنَى دِيَارِهَا الْعَوْصَاءُ

272

37 Le puissant n'ose plus habiter la plaine
Et le vilain cherche son salut dans la fuite en vain !

38 Nul refuge ne sauve ceux qui cherchent à nous
échapper :
Ni cime de haute montagne, ni basaltes rocailleux.

39 *C'est un roi qui a soumis la terre*
Et qui en ce monde n'a pas son pareil !

40 Vous êtes-vous dépensés comme nous, quand Mundhir[1]
guerroyait ?
De 'Amr, fils de Hind, sommes-nous les sujets ?

41 Des Taghlib tués au combat, c'est en vain que le sang a
coulé !
À peine frappés à mort, la poussière retomba sur eux et
déjà ils furent oubliés,

42 Quand 'Amr dressa la tente de Maysûn[2] à l-'Alyâ'
Dont la demeure la plus proche était al-Aws'â'.

---

1. Mundhir III, père de 'Amr Ibn Hind. En 554, Mundhir III partit
en guerre contre les Ghassânides et fut tué dans la bataille qui les
opposa (voir notre Présentation, *supra*, p. 15).
2. Fille du roi des Ghassânides. 'Amr tua celui-ci pour venger la
mort de son père et fit sa fille prisonnière.

فَتَأَوَّتْ لَهُ قَرَاضِبَةٌ مِنْ
كُلِّ حَيٍّ كَأَنَّهُمْ أَلْقَاءُ

فَهَدَاهُمْ بِالأَسْوَدَيْنِ وَأَمْرُ اللَّـ
ـهِ بِلْغٌ تَشْقَى بِهِ الأَشْقِيَاءُ

إِذْ تَمَنَّوْنَهُمْ غُرُوراً فَسَاقَتْـ
ـهُمْ إِلَيْكُمْ أُمْنِيَّةٌ أَشْرَاءُ

لَمْ يَغُرُّوكُمْ غُرُوراً وَلَكِنْ
رَفَعَ الآلُ شَخْصَهُمْ وَالضَّحَاءُ

أَيُّها الناطِقُ المُبَلِّغُ عَنا
عِنْدَ عَمْرٍو وَهَلْ لِذَاكَ انْتِهَاءُ

مَنْ لَنَا عِنْدَهُ مِنَ الخَيْرِ آيا
تٌ ثَلَاثٌ فِي كُلِّهِنَّ القَضَاءُ

3 Auprès de lui trouvèrent refuge de vils brigands
De tous les clans, qui ressemblaient à des oiseaux de
proie.

4 Les ayant munis de dattes et d'eau, il les guida ! Mais le
décret de Dieu
Est inéluctable ! C'est par lui que les miséreux sont
misérables.

5 Alors, vous dupant vous-mêmes, vous avez formé le vœu
de les surprendre, et voilà
Que vers vous les a conduits ce vœu malicieux !

6 Eux, ils ne vous ont pas surpris, mais
C'est en plein jour, haussées par le mirage, que leurs
silhouettes se dessinaient !

7 Toi, le phraseur, qui dissertes sur nous
Auprès de 'Amr, cela va-t-il avoir une fin ?

8 De nous vouloir du bien, nous lui avons donné trois
motifs
Dont chacun se révélerait décisif !

آيَةٌ شَارِقُ الشَّقِيقَةِ إِذْ جَا
ءَتْ مَعَدٌّ لِكُلِّ حَيٍّ لِوَاءُ

حَوْلَ قَيْسٍ مُسْتَلْئِمِينَ بِكَبْشٍ
قَرَظِيٍّ كَأَنَّهُ عَبْلَاءُ

وَصَتِيتٍ مِنَ الْعَوَاتِكِ لَا تَنْـ
ـهَاهُ إِلَّا مُبَيِّضَةٌ رَعْلَاءُ

فَرَدَدْنَاهُمْ بِطَعْنٍ كَمَا يَخْـ
ـرُجُ مِنْ خُرْبَةِ الْمَزَادِ الْمَاءُ

وَحَمَلْنَاهُمْ عَلَى حَزْمِ ثَهْلَا
نَ شِلَالًا وَدُمِّيَ الْأَنْسَاءُ

وَجَبَهْنَاهُمْ بِطَعْنٍ كَمَا تُنْـ
ـهَزُ فِي جَمَّةِ الطَّوِيِّ الدِّلَاءُ

9 L'un d'eux est la bataille à l'est de Chaqîqa, quand
Les Ma'add sont venus, chaque clan portant étendard,

10 Rassemblé autour de Qays[1] et se faisant un rempart
d'un chef
Du pays de l'arbre à tanin, un éperon blanc, aurait-on
dit, de loin,

11 Autour d'une multitude de preux, fils de femmes bien
nées, que rien n'arrête
Si ce n'est un escadron armé de sabres blancs.

12 À coups de lances, nous les repoussâmes et leur sang
faisait penser
À l'eau qui s'échappe d'une outre percée.

13 Aux roches de Thahlân, nous les acculâmes,
En pleine déroute et les cuisses ensanglantées.

14 Nous les prîmes de front et les secouâmes au bout de
nos lances comme on secoue
Pour le remplir le seau dans l'eau du puits.

---

1. Il s'agit du roi des H'imyar, qui régnaient sur le Yémen.

وفَعَلْنا بِهِمْ كما عَلِمَ اللهُ
وما إنْ لِلْحَائِنِينَ دِماءُ

ثُمَّ حُجْراً أَعْني ابنَ أُمِّ قَطامٍ
ولَهُ فارِسِيَّةٌ خَضْراءُ

أَسَدٌ في اللِّقاءِ وَرْدٌ هَمُوسٌ
وربِيعٌ إنْ شَمَّرَتْ غَبْراءُ

وفَكَكْنا غُلَّ امرِىءِ القَيْسِ عَنْـ
ـهُ بَعْدَما طالَ حَبْسُهُ والْعَناءُ

ومَعَ الجَوْنِ جَوْنِ آلِ بَني الأَوْ
سِ عَنُودٌ كأنَّها دَفْواءُ

Dieu sait ce que d'eux nous avons fait,
Et nul n'a réclamé vengeance pour ceux qui ont été
tués !

6 Puis, ce fut le tour de H'udjr[1], du fils de Umm Qat'âm
j'entends,
Qui commandait une armée portant des cuirasses
persanes vert-de-grisées.

7 Lion dans la rencontre, la peau fauve et le pas feutré,
Il était une pluie printanière quand l'année s'annonçait
de disette à force de poussière.

8 Nous délivrâmes Imru' al-Qays[2] de ses chaînes,
De sa prison et de ses peines longtemps endurées.

9 Il y eut avec Djawn[3], le Djawn de la tribu des Aws,
Une armée tenace dont on aurait dit un aigle aux ailes
déployées,

---

1. Il s'agirait d'un homme originaire du royaume de Kinda qui
aurait combattu le grand-père de 'Amr, lequel fut soutenu par les
Bakr, tribu du poète.
2. Fils de Mundhir III et frère de 'Amr. À ne pas confondre avec le
poète du même nom.
3. Cousin de Qays (évoqué v. 50), Djawn était un Kindite, à l'instar
de H'udjr.

مَا جَزعُنا تَحْتَ الْعُجاجَة إذا وَلَّـ

ـوْا شلالاً وَإذْ تَلَظَّى الصَّلاءُ

وَأَقْدَناهُ رَبَّ غَسَّانَ بالمِنْـ

ـذِر كَرْهاً إذا لا تُكالُ الدِّماءُ

وَأَتَيْناهُمْ بتسْعَة أَمْلا

كِ كِرَامٍ أَسْلابُهُم أَغْلاءُ

وَوَلَدْنا عَمْرُو بن أُمِّ أُناسٍ

مِنْ قَريبٍ لَمَّا أَتَانا الحِباءُ

مِثْلُها تُخْرجُ النَّصِيحَةَ للقَوْ

مِ فَلاةٌ مِنْ دُونها أَفْلاءُ

فَاتْرُكوا الطَّيْخَ والتَّعاشِي وَإمَّا

تَتَعاشَوْا فَفي التَّعاشِي الدَّاءُ

280

60 Mais nous ne fûmes point ébranlés sous la poussière, quand,
Se débandant, ils tournèrent bride ou quand tel un brasier s'embrasa la mêlée.

61 Pour venger la mort de Mundhir, nous lui livrâmes le roi des Ghassân [1],
Répugnant à laisser sans vengeance le sang versé.

62 Nous leur remîmes en échange neuf souverains,
De nobles seigneurs dont les dépouilles valaient on ne peut plus cher.

63 De 'Amr, descendant de Umm Unâs, nous sommes pour ainsi dire les pères
Par un de nos parents qui, après qu'on nous eut remis la dot, épousa de 'Amr l'arrière-grand-mère.

64 Une parentèle pareille incite à donner un conseil sincère,
Ses membres se succédant à la manière dont se succèdent les déserts.

65 Aussi, cessez de vous gonfler d'orgueil et de vous aveugler, ou bien
Feignez de ne pas voir, mais sachez que s'aveugler est malsain !

_____
1. Voir *supra*, p. 273, note 1.

وَاذْكُرُوا حِلْفَ ذِي الْمَجَازِ وَمَا قُدْ

مَ فِيهِ الْعُهُودُ وَالْكُفَلاءُ

حَذَرَ الْجَوْرِ وَالتَّعَدِّي وَهَلْ يَنْـ

ـقُضُ مَا فِي الْمَهَارِقِ الْأَهْوَاءُ

وَاعْلَمُوا أَنَّنَا وَإِيَّاكُمْ فِيـ

ـمَا اشْتَرَطْنَا يَوْمَ احْتَلَفْنَا سَوَاءُ

عَنَناً بَاطِلاً وَظُلْماً كَمَا تُعْـ

ـتَرُّ عَنْ حُجْرَةِ الرَّبِيضِ الظِّبَاءُ

أَعَلَيْنَا جُنَاحُ كِنْدَةَ أَنْ يَغْـ

ـنَمَ غَازِيهِمْ وَمِنَّا الْجَزَاءُ

أَمْ عَلَيْنَا جَرَّى إِيَادٍ كَمَا نِيـ

ـطَ بِجَوْزِ الْمُحَمَّلِ الْأَعْبَاءُ

282

66 Et souvenez-vous du pacte de Dhû-l-Madjâz[1],
Des engagements et des garants qui y furent offerts

67 Pour parer à l'injustice, aux empiètements !
Les passions vont-elles faire mentir les parchemins ?

68 Sachez que nous sommes, vous et nous,
Pareillement tenus par le contrat conclu le jour où nous
avons prêté serment !

69 Vaine et injuste est votre position ! C'est ainsi qu'on
sacrifie
Des gazelles en lieu et place des brebis mises au repos
dans l'enclos !

70 Sommes-nous comptables des méfaits des Kinda ? Du
butin
Que leurs pillards ont ramené ? Est-ce à nous de le
réparer ?

71 Sommes-nous comptables du crime des Iyâd ? C'est
ainsi qu'on fait supporter
Au chameau de trop lourds fardeaux !

---

1. Lieu près de La Mecque où fut conclu, sans doute au début du
VIᵉ siècle, le traité de paix entre les Bakr et les Taghlib, mettant fin à la
guerre de Basûs. Voir notre Présentation, *supra*, p. 30.

لَيْسَ مِنَّا الْمُضَرَّبُونَ وَلاَ قَيْ
ـسٌ وَلا جَنْدَلٌ وَلا الْحَذَّاءُ

أَمْ جَنَايَا بَنِي عَتِيقٍ فَإِنَّا
مِنْكُمْ إِنْ غَدَرْتُمْ بُرَآءُ

وَثَمَانُون مِنْ تَمِيم بِأَيْدِيـ
ـهِمْ رِمَاحٌ صُدُورُهُنَّ الْقَضَاءُ

تَرَكُوهُمْ مُلَحَّبِينَ وَآبُوا
بِنِهَابٍ يَصُمُّ مِنْهَا الْحُدَاءُ

أَمْ عَلَيْنا جَرَّى حَنِيفَةَ أَمْ مَا
جَمَّعَتْ مِنْ مُحَارِبٍ غَبْرَاءُ

أَمْ عَلَيْنا جَرَّى قُضَاعَةَ أَمْ لَيْـ
ـسَ عَلَيْنا فِيما جَنَوْا أَنْدَاءُ

72 Ils ne sont pas des nôtres, ceux qui ont été battus! Ni
    Qays,
    Ni Djandal, ni al-H'addâ'!

73 Sommes-nous comptables du crime des 'Atîq? Nous,
    Si vous trahissez, nous déclinons toute responsabilité!

74 Quatre-vingts hommes des Tamîm, serrant dans leurs
    poings
    Des lances aux funestes pointes

75 Les ont laissés taillés en pièces et s'en sont retournés
    Avec un butin à assourdir le chant des chameliers¹.

76 Sommes-nous comptables du crime des H'anîfa², voire
    De ceux des guerriers qu'une année de disette a
    rassemblés?

77 Va-t-on nous imputer le crime des Qud'â'a³? Ou ne
    sommes-nous pour rien
    Dans les forfaitures commis par eux?

---

1. Allusion à une attaque des Tamîm contre la tribu des Rizâh', une
fraction des Taghlib, à laquelle se réfèrent aussi les vers 78-80.

2. Il s'agit d'une branche des Bakr.

3. Il s'agit d'une tribu chrétienne, d'origine yéménite, qui aurait
fait une razzia contre les Taghlib.

ثمَّ جَاؤوا يَسْتَرْجِعُونَ فَلَمْ تَرْ
جِعْ لَهُمْ شَامَةٌ وَلا زَهْرَاءُ

لَمْ يُحِلُّوا بَني رزَاح بِبَرْقَا
ءِ نِطَاعٍ لَهُمْ عَلَيْهِمْ دُعَاءُ

ثُمَّ فَاؤُوا مِنْهُمْ بِقَاصِمة الظَّهْـ
ـرِ وَلا يَبْرُدُ الْغَلِيلَ الَمَاءُ

ثُمَّ خَيْلٌ مِنْ بَعد ذاكَ مَعَ الْغَلّا
قِ لا رَأْفَةٌ وَلا إِبْقَاءُ

وَهو الرَّبُّ والشَّهِيدُ على يَوْ
مِ الْحِيَارَين وَالْبَلاء بَلاءُ

78 Puis ils sont venus réclamer qu'on leur restitue le butin,
  Mais aucune bête, ni noire ni blanche, ne leur fut livrée.

79 Ils n'ont rien concédé à la tribu des Rizâh' à Barqâ'
  Nit'â'! Ceux-ci ont alors maudit ceux-là,

80 Puis s'en sont retournés, l'orgueil brisé par l'offense
  Et sans que l'eau étanche leur soif de vengeance!

81 Après cela, c'est la cavalerie qu'on fit donner avec Ghallâq[1]
  Et ce fut sans pitié et sans faire de quartier.

82 *C'est lui qui fut le maître et le témoin de la journée*
  D'al-H'iyârayn! Épreuve mettant à rude épreuve!

---

1. Il s'agit d'un guerrier appartenant à une branche des Tamîm.

CHRONOLOGIE [1]

Vers 300 : Les Lakhmides font d'al-H'îra leur capitale.

Seconde moitié du Ve siècle : Migration des Kinda vers le nord de l'Arabie.

482 : Naissance de Justinien, empereur byzantin.

Fin du Ve siècle : Installation des Ghassânides en Palestine et Syrie sur les marges de l'Empire byzantin. Al-H'ârith Ibn 'Amr, roi des Kinda et grand-père du poète Imru' al-Qays, s'impose sur la scène politique du Moyen-Orient.

502 : Conclusion d'un traité de paix entre al-H'ârith Ibn 'Amr, roi des Kinda, et l'empereur byzantin.

503 : Avènement d'al-Mundhir III, roi des Lakhmides d'al-H'îra.

525 (?) : Naissance du poète 'Antara Ibn Chaddâd.

527 : Avènement de Justinien, empereur byzantin.

528 : Mort d'al-H'ârith Ibn 'Amr, roi des Kinda, dans une bataille contre al-Mundhir III, roi des Lakhmides.

529 : Avènement d'al-H'âriht Ibn Djabala, roi des Ghassânides. Les Ghassânides deviennent des rois clients de l'empereur byzantin.

530 (?) : Naissance du poète Zuhayr Ibn Abî Sulmâ.

---

1. Les poètes 'Amr Ibn Kulthûm et al-H'ârith Ibn H'illiza ne figurent pas dans cette chronologie, leurs dates de naissance et de mort étant inconnues. Ils ont vécu au VIe siècle.

531 : Avènement du roi sassanide Chosroès Ier Anôcharvân. Bataille de Callinice et victoire des Perses sur Byzance.

539 : Début d'une guerre de cinq ans entre la Perse et Byzance. Al-Mundhir III attaque les Ghassânides.

541 : Campagne assyrienne de Bélisaire dirigée par Byzance contre la Perse.

543 (?) : Naissance du poète T'arafa Ibn al-'Abd.

544 : Fin de la guerre entre la Perse et Byzance.

550 (?) : Mort du poète Imru' al-Qays.

554 : Bataille de Qinnasrîn entre les Lakhmides et les Ghassânides. Al-Mundhir III, roi des Lakhmides, est tué. Avènement de 'Amr Ibn Hind, fils d'al-Mundhir III.

Années 560 : Expéditions des Lakhmides contre la frontière byzantine.

565 : Mort de Justinien, empereur byzantin. Avènement de son neveu Justin II.

568 : Assassinat par le poète 'Amr Ibn Kulthûm de 'Amr Ibn Hind, roi des Lakhmides d'al-H'îra. Avènement de Qâbûs, frère de 'Amr Ibn Hind.

569 : Mort d'al-H'ârith Ibn Djabala, roi des Ghassânides. Avènement d'al-Mundhir [1]. Mort probable du poète T'arafa Ibn al-'Abd.

570 : Bataille de 'Ayn Ubâgh. Victoire des Ghassânides sur les Lakhmides. Naissance du prophète Muh'ammad.

572 : Les Perses occupent le sud de l'Arabie.

573 : Mort de Qâbûs, roi des Lakhmides, et avènement d'al-Mundhir IV.

578 : Al-H'îra, la capitale des Lakhmides, est passagèrement conquise par les Ghassânides. Mort de Justin II, empereur byzantin. Avènement de Tibère II Constantin.

580 : Mort d'al-Mundhir IV, roi des Lakhmides. Avènement d'al-Nu'mân IV, dernier roi des Lakhmides. Arrestation d'al-Mundhir, roi des Ghassânides, par l'empereur

---

1. À ne pas confondre avec al-Mundhir III et al-Mundhir IV, rois des Lakhmides.

Tibère II Constantin. Al-Mundhir est conduit à Constantinople. Son fils al-Nu'mân lui succède à la tête des Ghassânides.

582 : Mort de Tibère Constantin II, empereur byzantin. Avènement de Maurice.

582 ou 583 : Arrestation d'al-Nu'mân, roi des Ghassânides, par l'empereur Maurice. Al-Nu'mân est conduit à Constantinople.

591 : Avènement de Chosroès Parviz, roi des Sassanides.

602 : Mort de Maurice, empereur byzantin. Phocas usurpe le trône. Exécution d'al-Nu'mân IV, dernier roi des Lakhmides, par Chosroès Parviz.

610 : Avènement d'Héraclius, empereur byzantin.

Vers 612 : Début de la prédication du prophète Muh'ammad.

613-614 : Fin du royaume des Ghassânides. Le pays est envahi par les Perses.

615 (?) : Mort du poète 'Antara Ibn Chaddâd.

622 : Le prophète Muh'ammad quitte La Mecque pour s'établir à Médine. Cette « émigration » est connue sous le nom d'Hégire.

627 (?) : Mort du poète Zuhayr Ibn Abî Sulmâ.

629 : Négociation entre les 'Âmir, tribu du poète Labîd Ibn Rabî'a, et le prophète Muh'ammad en vue de l'intégration de la tribu dans la nouvelle organisation politique. Les négociations échouent.

630 : Une nouvelle délégation des 'Âmir se rend à Médine, avec à sa tête Labîd Ibn Rabî'a. Le poète se serait alors converti à l'islam.

632 : Le prophète Muh'ammad retourne à La Mecque qui lui est désormais acquise. Il meurt la même année.

636 : Bataille du Yarmûk entre l'armée d'Héraclius et les musulmans. Victoire des musulmans sur Byzance.

641 : Mort d'Héraclius, empereur byzantin. Mort du poète Labîd Ibn Rabî'a, dont d'autres sources situent la mort en 642, voire en 660 ou 661.

BIBLIOGRAPHIE

Textes et commentaires des Mu'allaqât

AL-ANBÂRÎ, Abû Bakr, *Charh' al-qas'â'id al-sab' al-t'iwâl al-djâhiliyyât*, éd. 'Abd al-Salâm Hârûn, Dhakhâ'ir al-'Arab 35, Le Caire, Dâr al-ma'ârif, 1963.

AL-QURACHÎ, Abû Zayd, *Djamhara ach'âr al-'arab fî-l-djâhiliyya wa-l-islâm*, éd. 'Alî Muh'ammad al-Badjâwî, Le Caire, Dâr nahd'at Mis'r li-l-t'ab' wa-l-nachr, s.d., 2 vol.

AL-TIBRÎZÎ, *Charh' al-qas'â'id al-'achar*, éd. 'Abd al-Salâm al-H'ûfî, Beyrouth, Dâr al-maktaba al-'ilmiyya, 1997.

AL-ZAWZANÎ, *Charh' al-mu'allaqât al-'achar*, Beyrouth, Manchûrât Dâr Maktaba al-h'ayât, 1979.

IBN AL-NAH'H'ÂS, *Charh' al-qas'â'id al-machhûrât al-mawsûma bi-l-mu'allaqât*, Beyrouth, Dâr al-kutub al-'ilmiyya, s.d.

Traductions en français

Les Dix Grandes Odes arabes de l'anté-islam : les Mu'allaqât, traduction et présentation par Jacques BERQUE, Paris, Sindbad, 1979, rééd. 1995.

Du désert d'Arabie aux jardins d'Espagne. Chefs-d'œuvre de la poésie arabe classique, traduction et commentaires par André MIQUEL, Paris, Sindbad, 1992.

Les Mu'allaqât. Les sept poèmes préislamiques, préface par André MIQUEL, traduction et commentaires par Pierre LARCHER, Paris, Fata Morgana, « Les Immémoriaux », 2000.

Ouvrages généraux

Ayyâm al-'Arab fī-l-djâhiliyya, éd. M.A. al-Mawlâ, A.M. al-Djâwî et M. Abû-l-Fad'l Ibrâhîm, Beyrouth, Dâr al-Djîl, 1988.

BAKHOUCH, M., *Un aspect de la poésie d'al-Akht'al : le panégyrique*, thèse de doctorat sous la direction de C. Audebert, Aix-en-Provence, université de Provence (Aix-Marseille I), 2001.

BATESON, M.C., *Structural Continuity in Poetry. A Linguistic Study in Five Pre-Islamic Arabic Odes*, Paris/La Haye, Mouton & Co, 1970.

BEESTON, A.F.L., « The ritual hunt. A study on old south arabian religious practice », *Le Muséon*, n° 61, 1948.

BLACHÈRE, R., *Histoire de la littérature arabe des origines à la fin du XVᵉ siècle de J.-C.*, Paris, Maisonneuve et Larose, 1952, 1964 et 1966, 3 tomes.

CHELHOD, J., *Les Structures du sacré chez les Arabes*, Paris, Maisonneuve et Larose, 1986.

AD-DÎNAWÂRÎ, Abû H'anîfa, *Kitâb al-nabât*, reconstitué d'après les citations des ouvrages postérieurs par Muh'ammad, H'amîdullâh, Le Caire, Institut français d'archéologie orientale, s.d.

DJABR, Wadî', *Mu'djam al-nabâtât al-t'ibbiyya*, Beyrouth, Dâr al-Djîl, 1987.

AL-DJÂH'IZ', *Kitâb al-h'ayawân*, éd. 'Abd al-Salâm Muh'ammad Hârûn, Beyrouth, s.d., 7 tomes.

DOUGHTY, Ch., *Arabia deserta*, introduction par T.E. Lawrence, Paris, Payot, « Petite Bibliothèque Payot », 2001.

Encyclopédie de l'Islam, Leyde, Brill, et Paris, Maisonneuve et Larose, 1991-2001, 11 tomes (nouvelle édition).

FAHD, T., *Le Panthéon de l'Arabie centrale à la veille de l'Hégire*, Paris, P. Geuthner, 1968.

IBN AL-KALBÎ, *Kitâb al-as'nâm*, éd. W. Atallah, Paris, 1969.

AL-ISFAHÂNÎ, Abû-l-Faradj, *Kitâb al-Aghânî*, Le Caire, Mat'ba'at dâr al-kutub al-mis'riyya, 1952-1961, 16 tomes.

LAWRENCE, T.E., *Les Sept Piliers de la sagesse*, traduit de l'anglais par Julien Deleuze, Paris, Gallimard, 1992.

294

BIBLIOGRAPHIE

LÉVI-STRAUSS, Cl., *Œuvres complètes*, éd. V. Debaene, F. Keck, M. Mauzé et M. Rueff, Paris, Gallimard, « Bibliothèque de la Pléiade », 2008.

LHOTE, Henri, *Chameaux et dromadaires en Afrique du Nord et au Sahara. Recherches sur leurs origines*, Alger, ONAPSA, 1987.

LYALL, C., *Ancient Arabic Poetry*, Londres, 1885.

MIQUEL, A., *Laylâ, ma raison*, Paris, Seuil, 1984.

NICHOLSON, R.A., *Literary History of the Arabs*, Richmond, Curzon Press, 1995.

NÖLDEKE, Th., *Geschichte der Perser und Araber zur Zeit der Sasaniden*, Leyde, 1879.

NÖLDEKE, Th., « Fünf Mu'allaqât, übersetzt und erklärt von Th. Nöldeke », *Sitzungsberichte der Kaiserlichen Akademie der Wissenschaften in Wien*, Philosophische-Historische Classe, Vienne, vol. 140 (1899), 142 (1900) et 144 (1901).

RODINSON, M., *Mahomet*, Paris, Seuil, 1961.

RYCKMANS, G., *Les Religions arabes préislamiques*, Louvain, Institut orientaliste de l'université de Louvain, 1953.

RZEWUSKI, W.S., *Impressions d'Orient et d'Arabie*, éd. coordonnée par Bernadette Lizet, Paris, José Corti/Muséum national d'histoire naturelle, 2002.

SCHROTT, R., *Die Erfindung der Poesie, Gedichte aus den ersten viertausend Jahren*, Munich, Deutscher Taschenbuch Verlag, 1997.

SERGEANT, S., *South Arabian Hunt*, Londres, Luzac & Co., 1976.

STETKEVYCH, S., « Pre-islamic panegyric and the poetics of redemption. *Mufad'd'alîya 119* of 'Alqamah and *Bânat Su'âd* of Ka 'b Ibn Zuhayr », in *Reorientations. Arabic and Persian Poetry*, Bloomington/Indianapolis, Indiana University Press, 1994.

T'ÂHÂ HUSAYN, *Fî-l-adab al-djâhilî*, Le Caire, Dâr al-ma 'ârif, 1968.

THESIGER, W., *Le Désert des déserts*, Paris, Plon, « Terre humaine », 1978.

TOELLE, H., *Le Coran revisité. Le feu, l'eau, l'air et la terre*, Damas, Institut français d'études arabes de Damas, 1999.

VINCENT-BUFFAULT, A., *Histoire des larmes*, Paris, Rivages, « Histoire », 1986.

BIBLIOGRAPHIE

WELLHAUSEN, J., *Reste arabischen Heidentums, dritte unverän-derte Auflage*, Berlin, Walter de Gruyter & Co., 1961.

YÂQÛT, *Mu'djam al-buldân*, Beyrouth, Dâr ih'yâ' al-turâth al-'arabî, 1979, 5 tomes.

ZUMTHOR, P., *Essai de poétique médiévale*, Paris, Seuil, 1972.

TABLE

Composition et mise en pages

NORD COMPO
m u l t i m é d i a

N° d'édition : L.01HPNFG1241.C002
Dépôt légal : mars 2009
Imprimé en Espagne par Novoprint (Barcelone)